Dendrobium nobile

Vanda Rothschildiana

Wilma Rittershausen

Orchideen von A bis Z

Haltung – Pflege – Vermehrung
150 Arten in Farbe

Kosmos
Gesellschaft der Naturfreunde
Franckh'sche Verlagshandlung
Stuttgart

Zu diesem Buch
Verfasser/Herausgeber:
Wilma Rittershausen
Mitarbeiter: Keith Andrew, Ray Bilton, Peter Dumbelton, Alan Greatwood, Paul Phillips und David Stead
Herausgeber des Verlages:
Geoff Rogers
Designer: Mark Holt

Bildnachweis: (O = oben, U = unten, L = links, R = rechts)
A–Z Botanical Collection: 16
Alec Bristow: 40 (RO), 45 (U)
Eric Crichton: Titelblatt, 8 (O), 9, 10, 11, 12, 13, 14, 15, 33 (LU, RU), 34, 35 (O), 36, 37, 38, 39, 41, 42 (O), 43 (RO, RU), 44, 46, 47, 48, 65, 66 (LO, U), 67 (O), 68 (U), 69, 70 (RO), 71, 72, 73, 74, 75, 76, 77, 78 (RO, U), 79, 80, 97, 98, 99, 100, 101, 102, 103, 104, 105, 106, 107, 108, 109, 110, 111, 112, 129, 130, 131, 132, 133, 134 (LO), 135, 136, 137, 138, 142, 143, 144
Alan Greatwood: 8 (U), 35 (LU, RU), 42 (U), 66 (RU), 68 (LO), 134 (LU)
Charles Marden Fitch: 140
Orchid Society of Great Britain: 40 (LO)
Herman Pigors: 139, 141 (RO)
Gerald Rodway: 33 (O), 40 (U), 45 (RO)

CIP-Kurztitelaufnahme der Deutschen Bibliothek

Orchideen von A bis Z : Haltung – Pflege – Vermehrung ; 150 Arten in Farbe / Wilma Rittershausen. [Mitarb.: Keith Andrew ... Aus d. Engl. übers. von Helmut Demuth]. – Stuttgart : Franckh, 1983.
(Kosmos-Florarium in Farbe)
Einheitssacht.: An illustrated guide to growing your own orchids
Ausz. von: Orchids for everyone
ISBN 3-440-05150-1
NE: Rittershausen, Wilma [Bearb.]; EST

Aus dem Englischen übersetzt von Dr. Helmut Demuth
Titel der Originalausgabe „An Illustrated Guide to Growing Your Own Orchids". Ein Salamander-Buch; die englischsprachige Ausgabe ist zuerst bei Salamander Books Ltd., Salamander House, 27 Old Gloucester Street, London, Großbritannien, unter ISBN 0 86101 117 1 erschienen.

Der Inhalt dieses Buches ist ein Auszug aus dem Werk „Orchideen für jedermann".
136 Farbfotos von A–Z Botanical Collection, Alec Bristow, Eric Crichton, Alan Greatwood, Charles Marden Fitch, J. R. Oddy, Orchid Society of Great Britain, Herman Pigors und Gerald Rodway
152 Zeichnungen von David Leigh

Umschlaggestaltung von Edgar Dambacher unter Verwendung eines Dias von Erhard Schneider. Das Bild zeigt *Cattleya* „Iris"

Franckh'sche Verlagshandlung, W. Keller & Co., Stuttgart / 1983

Printed in Belgium / Imprimé en Belgique / LH 14 os / ISBN 3-440-05150-1
Farbreproduktionen: Scansets Ltd., Rodney Howe Ltd., Großbritannien
Einfarbige Reproduktionen: Bantam Litho Ltd., Großbritannien
Satz: G. Müller, Heilbronn
Herstellung: Henri Proost & Cie., pvba, Turnhout / Belgien

Einleitung

Mit über 25000 wildwachsenden Arten bilden die Orchideen (Orchidaceae) die wohl größte Familie der Blütenpflanzen. Darüber hinaus sind durch Kreuzungen mehr als 30000 Hybriden gezüchtet worden, und jedes Jahr kommen neue dazu.
Man unterteilt die Orchideen in zwei Gruppen:
In den gemäßigten Zonen kommen hauptsächlich die Erdorchideen vor, d.h. Orchideen, die auf dem Erdboden oder in Erdbodennähe wachsen.
Die in den tropischen oder subtropischen Regionen vorkommenden Orchideen leben epiphytisch, d.h., sie siedeln sich vorwiegend auf Bäumen oder Sträuchern an. Epiphyten sind jedoch keine Parasiten: Sie entziehen ihrer Wirtspflanze keine Nährstoffe, sondern benutzen sie nur als Unterlage. Nahrung und Wasser beziehen sie aus der Luft und dem Humus, der sich in den Astgabeln und den Rindenspalten angesammelt hat. Einige der epiphytischen Orchideen wachsen auf Fels und Steinen. Diese Gruppe bezeichnet man als Lithophyten.

Wuchsformen
Es lassen sich zwei verschiedene Wuchsformen unterscheiden: sympodialer Wuchs und monopodialer.
Die meisten Orchideen wachsen sympodial, d.h., neben dem vorjährigen Sproß entwickelt sich ein neuer Trieb – sie wachsen also in die Breite. Die meisten sympodialen Orchideen besitzen Pseudobulben. Das sind verdickte Sproßstücke, in denen Wasser und Nährstoffe gespeichert werden und die durch einen waagerechten Wurzelstock verbunden sind. Aus diesen Bulben wachsen die Blätter heraus. Die Bulben, die je nach Gattung von sehr unterschiedlicher Größe und Gestalt sind, leben länger als die Blätter, die nach einem, zwei oder mehr Jahren abfallen können.
Sympodiale Orchideen sind z.B. die Gattungen *Cymbidium, Cattleya* und *Odontoglossum.*
Bei den monopodialen Orchideen ist der neue Trieb immer eine senkrechte Verlängerung des einzigen alten Triebes. Die Blätter, die aus dem zentralen Stengel wachsen, stehen sich wechselweise gegenüber. Monopodiale Orchideen besitzen keine Bulben.
Monopodial wachsende Gattungen sind z.B. *Vanda* und *Phalaenopsis.*

Die Blüte
Die typische Orchideenblüte besteht aus 6 Blütenblättern: einem äußeren Kreis aus 3 Kelchblättern (Sepalen) und einem inneren Kreis aus 3 Kronblättern (Petalen), von denen das unterste meist stark vergrößert und auffallend gefärbt ist. Dieses Kronblatt wird als Lippe (Labellum) bezeichnet. Sie dient als optische Anziehung und Landeplatz für bestäubende Insekten.

Der Bestäubungsapparat der Orchideenblüte unterscheidet sich wesentlich von dem anderer Blütenpflanzen: Männliche und weibliche Blütenteile sind im Zentrum der Blüte zu einer Säule (Columna) zusammengewachsen. Die Staubbeutel mit den zu wachsartigen Klümpchen (Pollinien) verklebten Pollenkörnchen liegen auf der Vorderseite der Säule. Der weibliche Blütenteil liegt an ihrer Unterseite, etwas unterhalb der Staubbeutel.

Orchideenhaltung

Temperatur

Bei der Orchideenhaltung unterscheidet man 3 Temperaturbereiche:

Kalt: Hier soll die Temperatur von mindestens 10°C in Winternächten auf höchstens 24°C an Sommertagen steigen.

Temperiert: Im temperierten Bereich wird im Winter eine Nachttemperatur von mindestens 13°C verlangt. Die Höchsttemperatur an Sommertagen liegt ebenfalls bei 24°C.

Warm: Die Warmhaustypen verlangen in Winternächten mindestens 18°C (sie gedeihen oft besser bei 21°C); tagsüber muß die Temperatur mindestens 5°C höher liegen.

Die im folgenden angegebenen Temperaturen beziehen sich auf die Mindesttemperaturen in Winternächten.

Licht

Alle Orchideen sollten während der Sommermonate schattig stehen. Helles, direktes Sonnenlicht verbrennt die empfindlichen Blätter. In den Wintermonaten dagegen, während der Ruhezeit also, benötigen sie einen hellen, sonnigen Standort.

Substrat

Der Pflanzstoff für Orchideen sollte möglichst genau ihrer natürlichen Umgebung entsprechen. Das ideale Substrat soll gut durchlässig sein, aber dennoch genügend Feuchtigkeit binden, Es muß locker sein, der Pflanze aber auch einen guten Halt bieten. Da die meisten in Kultur gehaltenen Orchideen epiphytisch sind, d.h. Luftwurzeln haben, muß das Substrat sehr gut durchlüftet sein. Der am meisten verwendete Pflanzstoff basiert auf zerkleinerter Kiefernrinde.

Düngung

Da der Nahrungsvorrat des Pflanzstoffes beschränkt ist, muß im Frühjahr und Sommer (Wachstumszeit) zusätzlich mit einem speziellen Orchideendünger ernährt werden.

Bewässerung

Während des Wachstums muß die Pflanze reichlich gegossen werden, damit das Pflanzsubstrat feucht bleibt. Nicht zu hartes Wasser zum Gießen verwenden. Orchideen am besten von oben bewässern, jedoch darauf achten, daß in den neuen Trieben kein Wasser stehenbleibt. In den Wintermonaten weniger gießen.

Die Luftfeuchtigkeit muß hoch gehalten werden. In den Sommermonaten öfter mit lauwarmem, weichem Wasser besprühen. Stets für eine gute Belüftung sorgen!

Jahreszeitliche Pflege
Man pflanzt Orchideen gewöhnlich im Frühjahr. Umtopfen ist jedes zweite Jahr erforderlich. Der Topf sollte möglichst klein sein, jedoch Raum für das Wachstum zweier Jahre lassen. Bei Pflanzen mit Luftwurzeln müssen diese außerhalb des Topfes bleiben, damit sie weiter wachsen. Je nach Wuchsweise hält man die Orchideen in hölzernen Körben, in durchbrochenen Plastiktöpfen, Tontöpfen oder an Rinde und Stämmen.
Bei vielen Orchideen folgt auf die Wachstumsperiode im Sommer eine Ruhepause im Winter. Dann hört alles Wachstum auf, und die Pflanze braucht die in den Pseudobulben gespeicherten Vorräte auf. Eine ruhende Orchidee soll in vollem Licht und vorwiegend trocken gehalten werden, bis sich neue Triebe zeigen.
Kurz vor der Ruhepause kann die Orchidee einige oder alle Blätter verlieren – je nachdem, ob es sich um immergrüne, laubabwerfende oder teilweise laubabwerfende Arten handelt.

Vermehrung
Die meisten Orchideen lassen sich relativ leicht vegetativ durch Teilung vermehren.
Sympodiale Orchideen teilt man, indem man das Rhizom zwischen zwei Bulben durchschneidet. Es sollten bei jeder Teilpflanze mindestens 2 Bulben verbleiben. Die alten Wurzeln sorgfältig bis zur Basis der Bulbe zurückschneiden, dabei aber keine neuen Wurzeln oder ruhenden Augen verletzen.
Monopodiale Orchideen vermehrt man, indem man den oberen Teil der Pflanze, an dem sich schon Luftwurzeln gebildet haben, unmittelbar unter einer dieser Wurzeln abschneidet und für sich einpflanzt. Am unteren Teil sollten aber mindestens noch 3 Blattpaare übrigbleiben.

Oben: *Ada aurantiaca,* eine Kalthausart von gedrungenem Wuchs, die im Winter und Frühjahr blüht. Siehe Seite 17

Unten: *Aerides fieldingii,* eine pflegeleichte Art des temperierten oder warmen Bereichs. Siehe Seite 17

Oben: *Angraecum sesquipedale,* eine großartige Warmhausart, die gutes Licht benötigt. Die großen, wachsartigen Blüten erscheinen im Winter. Der für die ganze Gattung typische dünne Sporn, der unten von der Blüte ausgeht, wird bis 30 cm lang. Siehe Seite 18

Links: *Bifrenaria harrisoniae,* eine pflegeleichte Kalthausart, die gutes Licht verlangt. Sie blüht im Sommer. Siehe Seite 20

Rechts: *Anguloa clowesii,* eine wunderschöne, große Kalthausart. Die duftenden Blüten erscheinen im Frühsommer. Siehe Seite 19

Unten: *Angraecum eburneum,* eine große Warmhausart, die im Winter lange Trauben duftender Blüten trägt. Siehe Seite 18

Links außen: *Brassavola digbyana* gedeiht am besten im temperierten Bereich. Sie trägt im Sommer einzelne große Blüten, ist jedoch wenig blühwillig. Siehe Seite 20

Links unten: *Brassavola nodosa* eignet sich für den temperierten Bereich. Die Blüten erscheinen reichlich zu verschiedenen Jahreszeiten. Sie duften herrlich in der Abendkühle und nachts. Siehe Seite 21

Links: *Brassolaeliocattleya* Norman's Bay 'Lows' eignet sich für das temperierte Haus oder ein warmes, sonniges Zimmer. Sie trägt im Herbst oder Frühjahr große, duftende Blüten. Siehe Seite 22

Unten: *Brassia verrucosa,* eine Kalthausorchidee, die sich gut für Anfänger eignet. Sie trägt im Frühsommer lange Trauben duftender Blüten. Siehe Seite 21

Oben: *Brassolaeliocattleya* Crusader, eine Hybride des temperierten Bereichs, die im Frühjahr oder Herbst große, duftende Blüten trägt, die an der Pflanze 3–4 Wochen halten. Eignet sich auch fürs Zimmer. Siehe Seite 22

Oben: *Bulbophyllum collettii* eignet sich für das temperierte Haus. Sie blüht im Frühjahr. Siehe Seite 23

Links: *Cattleya aurantiaca*, eine der kleinsten Cattleyas. Sie gedeiht am besten im Kalthaus und blüht im Sommer. Siehe Seite 24

Unten: *Calanthe vestita*, eine sehr schöne Warmhausart. Sie blüht während der Winterruhe. Siehe Seite 23

Oben: *Cattleya* Bow Bells, eine der schönsten weißblühenden Cattleyas. Sie gedeiht nur im temperierten Haus oder im warmen, sonnigen Zimmer. Siehe Seite 25

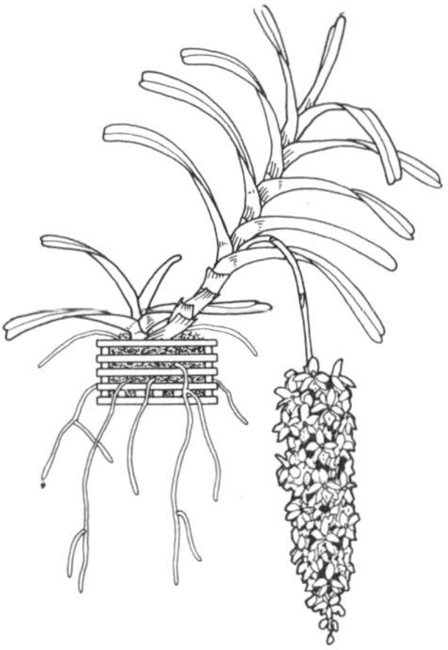

Ada aurantiaca

Kalt (10 °C)
Zimmerhaltung
Blüte: Winter–Frühjahr
Immergrün
Keine Ruhepause

Heimat: Kolumbien
Kompakte, epiphytische, sympodial wachsende Orchidee, die an denselben Standorten wie viele *Odontoglossum*-Arten vorkommt. Trotz der Verwandtschaft mit *Odontoglossum* gibt es nur wenige Kreuzungen. Diese Orchidee besitzt ungewöhnlich leuchtende, orangefarbene Blütenähren, die am Grunde der Hauptknolle entspringen. Die einzelnen glockenförmigen Blüten sind klein und öffnen sich nicht völlig. Die kleinen Sproßknollen werden teilweise von den Scheiden der äußeren Blätter geschützt. Die Pflanze läßt sich leicht aus Samen ziehen und ist daher häufig.
Haltung: In einen nicht zu großen Topf mit lockerer, gut durchlässiger Rindenmischung pflanzen. Möglichst nicht teilen.
(Bild Seite 8)

Aerides fieldingii

Temperiert-warm (13–18 °C)
Gewächshaushaltung
Blüte: Frühjahr–Sommer
Immergrün
Halbtrockene Ruhepause

Heimat: Südasien
Von der monopodialen, epiphytischen Gattung *Aerides* sind etwa 50–60 Arten beschrieben worden. *A. fieldingii* ist wohl die am reichsten blühende Art. Die herabhängenden, verzweigten Trauben werden bis 60 cm lang. Die ca. 2,5 cm großen, im Frühjahr oder Sommer erscheinenden Blüten sind weiß und rosa überlaufen mit violett-rosa Tupfen. Diese Art wird, wie andere mit ähnlichem Blütenstand, z. B. *Rhynchostylis*, ,,Fuchsschwanzorchidee" genannt. Die süß duftenden Blüten halten sich bis zu 4 Wochen, wenn die Pflanze während der Blütezeit kühler gestellt werden kann.
Haltung: Diese Epiphyten gedeihen und blühen gut im temperierten oder warmen Gewächshaus. Wegen der zahlreichen Luftwurzeln ist eine hohe Luftfeuchtigkeit vorteilhaft, daher im Sommer häufig übersprühen. Manchmal entstehen am Grunde der Pflanze Ableger, die man abnehmen kann.
(Bild Seite 8)

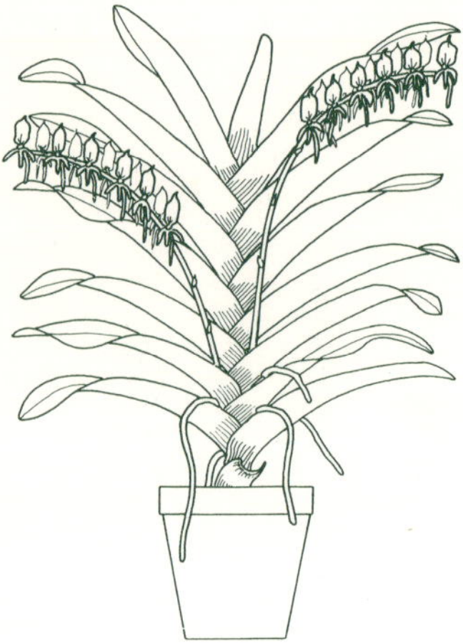

Angraecum eburneum

Warm (18 °C)
Gewächshaushaltung
Blüte: Winter
Immergrün
Keine Ruhepause

Heimat: Tropisches Afrika, Madagaskar
Es gibt über 200 Arten der epiphytischen, monopodialen Gattung *Angraecum,* aber nur sehr wenige werden kultiviert.
A. eburneum ist eine dicht beblätterte, kräftige Pflanze. Auf ca. 60 cm langen Blütenstengeln sitzen Trauben mit 9–12 ca. 10 cm großen, duftenden Blüten. Sepalen, Petalen und Sporn sind grün gefärbt, die Lippe reinweiß.
Haltung: Diese Art benötigt reichliche Bewässerung und Düngung sowie eine hohe Luftfeuchtigkeit. Im Sommer ist regelmäßiges Übersprühen der Blätter und der Luftwurzeln mit lauwarmem, weichem Wasser erwünscht. Der Standort sollte hell und nur im Winter der Sonne ausgesetzt sein. Wegen der hohen Ansprüche an Temperatur und Luftfeuchtigkeit ist diese Art nicht für die Haltung im Zimmer geeignet.
(Bild Seite 10)

Angraecum sesquipedale

Warm (18 °C)
Gewächshaushaltung
Blüte: Winter
Immergrün
Keine Ruhepause

Heimat: Madagaskar
Diese Art kann bis 90 cm hoch und ebenso breit werden. Sie hat lederige, riemenartige Blätter. Aus den Blattachseln entspringen die Blütenstiele mit je 2–4 ca. 15–18 cm großen, sternförmigen, rahmweißen Blüten. Ihr auffälligstes Merkmal ist der bis 30 cm lange grünliche Sporn. Die im Winter erscheinenden, stark duftenden Blüten halten lange Zeit an der Pflanze.
Haltung: Auch diese Art eignet sich nicht zur Haltung im Zimmer. Sie benötigt einen feuchten Standort und sehr viel Licht. Kleinere Pflanzen sollten vor praller Sonne geschützt werden. Ein häufiges Übersprühen mit lauwarmem, weichem Wasser ist für ein gesundes Wachstum sehr förderlich.
(Bild Seite 9)

Anguloa clowesii

Kalt (11 °C)
Zimmer- und Gewächshaushaltung
Blüte: Frühsommer
Laubabwerfend
Winterruhe

Heimat: Kolumbien
Anguloa ist eine kleine Gattung mit etwa 10 sympodialen, epiphytischen und terrestrischen Arten in den Anden. *A. clowesii* mit den großen Scheidenknollen und den 7,5 cm großen, kanariengelben, stark duftenden Blüten wird „Schaukel- oder Tulpenorchidee" genannt, da die lose eingelenkte Lippe vor- und zurückschaukelt, wenn sie angestoßen wird, und die Lippe völlig von den anderen Blütenblättern eingeschlossen wird. Sie verträgt sich gut mit Arten der Gattung *Lycaste,* ist aber im Laub beträchtlich größer.
Haltung: Die Pflanze braucht während des Wachstums viel Wasser und Dünger. Wenn sie am Ende der Wachstumsperiode die Blätter abwirft, nicht mehr gießen. Die Blüten erscheinen einzeln an kräftigen Stielen, gleichzeitig mit den neuen Trieben. *A. clowesii* eignet sich auch für die Kultivierung im Kalthaus.
(Bild Seite 11)

Angulocaste Olympus

Kalt (11 °C)
Gewächshaushaltung
Blüte: Frühjahr
Laubabwerfend
Winterruhe

Diese künstliche Gattung ist aus der Kreuzung von *Lycaste* und *Anguloa* entstanden. Bei guter Pflege wird die Pflanze sehr groß, sie eignet sich daher am besten für ein Gewächshaus mit viel Platz.
Die großen, kräftigen Blüten halten mehrere Wochen vom Frühjahr bis zum Frühsommer. In der Form steht sie zwischen denen der beiden Elterngattungen. Die Farbe variiert beträchtlich von Weiß über Rahmfarben bis Gelb.
Haltung: Die Pflanze benötigt viel Licht, vor allem im Winter, wenn sie ruht und die Blätter abwirft. Sie hat nur eine kurze Wachstumszeit, wächst dann aber sehr schnell. In dieser Zeit düngen. Beim Umsetzen kann man dem Pflanzstoff etwas getrockneten Kuhdung zusetzen, um ihn nahrhafter zu machen.
Die Blätter bekommen leicht Wasserflecken, daher nicht übersprühen.

Bifrenaria harrisoniae

Kalt (11 °C)
Zimmer- oder Gewächshaushaltung
Blüte: Frühsommer
Immergrün
Trockene Ruhepause

Heimat: Nördliches Südamerika
Bifrenaria ist eine kleine epiphytische Gattung mit etwa 20 Arten. Alle sind besonders pflegeleicht und werden oft in Sammlungen für Anfänger angeboten.
B. harrisoniae, die bekannteste Art, trägt an jedem Stiel 1–2 rahmweiße, duftende, bis 7,5 cm große Blüten mit dicken, wachsartigen Sepalen und Petalen und einer mit kurzen, purpurroten Haaren bedeckten Lippe.
Haltung: Diese Art wird meist im temperierten Haus mit viel Licht gehalten. Sie gedeiht aber auch gut im Kalthaus mit einer winterlichen Mindesttemperatur von 11 °C. Man hält sie am besten im Topf auf einem Gestell oder in einem Hängekorb aus Draht oder Latten. Wichtig ist ein lockerer, gut durchlässiger Pflanzstoff. Die Pflanze braucht im Winter völlige Ruhe und bekommt kein Wasser, bis sich im allerersten Frühjahr neue Triebe zeigen. Die Vermehrung ist langwierig.
(Bild Seite 10)

Brassavola digbyana

Temperiert (13 °C)
Gewächshaushaltung
Blüte: Sommer
Immergrün
Trockene Ruhepause

Heimat: Mittelamerika
Diese epiphytische Art wird von den Botanikern in eine eigene Gattung – *Rhyncholaelia* – gestellt. *B. digbyana* ist die größte Art der Gattung *Brassavola.* Die nach Zitronen duftende gelbliche Blüte fällt besonders durch die ausgefranste runde weiße Lippe auf. Der Grund für diese bei Orchideen seltene Erscheinung ist unklar; man nimmt an, daß sie dem Insekt bei der Bestäubung behilflich sein soll. Die Art ist in großem Ausmaß bei Kreuzungen zur Erzeugung der großlippigen Hybriden *Brassocattleya* usw. verwendet worden, aber der charakteristische Saum ist bei keiner von ihnen so ausgeprägt.
Haltung: Der First des temperierten Gewächshauses ist der ideale Platz für diese Sonnenanbeterin, die hier in der bewegten Luft am besten gedeiht. Man befestigt die Orchidee am besten am Baumfarn mit nur wenig Substrat.
(Bild Seite 12)

Brassavola nodosa

Temperiert (13°C)
Gewächshaushaltung
Keine bestimmte Blütezeit
Immergrün
Trockene Ruhepause

Heimat: Mittelamerika
Brassavolas sind bei Liebhabern sehr gefragt.
Bei dieser Art sind die Sproßknollen sehr schlank, die Blätter rinnenförmig. Die Blüten können zu allen Jahreszeiten erscheinen, oft 4–5 an einem Schaft. Sie sind gelblichgrün und werden bis 7,5 cm groß. Die breite Lippe ist weiß mit ein paar violetten Tupfen im Schlund. Der Duft ist sehr stark, besonders in der Abendkühle und nachts.
Haltung: Als Pflanzstoff nimmt man am besten Farnwurzeln mit ein wenig Kompost und hängt die Pflanze unter dem Dach des Gewächshauses auf. Brassavolas vertragen keine übermäßige Feuchtigkeit und müssen während der langen Ruhezeit ganz trocken gehalten werden.
(Bild Seite 12)

Brassia verrucosa

Kalt (10°C)
Zimmerhaltung
Blüte: Frühsommer
Immergrün
Keine strenge Ruhepause

Heimat: Guatemala
Eine der beliebtesten Arten der epiphytischen Gattung *Brassia,* die mit *Odontoglossum* verwandt ist und sich mit ihr kreuzen läßt. Von den über 30 Arten werden nur noch ganz wenige gezüchtet. *B. verrucosa* hat einen gedrungenen Wuchs und trägt an einem ca. 60 cm langen Blütenstengel anmutige Trauben mit 5–15 duftenden Blüten. Sie sind hellgrün mit dunkelgrünen Tupfen; die Sepalen und Petalen sind eigenartig lang und schmal, was der Pflanze den volkstümlichen Namen „Spinnenorchidee" eingetragen hat.
Haltung: Diese Orchidee gedeiht gut im Zimmer oder im Kalthaus und ist sehr blühwillig. Sie braucht im Winter etwas weniger Wasser als im Sommer, darf aber nie so stark austrocknen, daß die eiförmigen Pseudobulben schrumpfen. Da sie oft aus dem Topf „steigt", kann man sie gut auf Holz halten. Hier entwickelt sie lange Luftwurzeln. Ideal für den Anfänger.
(Bild Seite 13)

Brassolaeliocattleya Crusader

Temperiert (13°C)
Zimmerhaltung
Blüte: Winter
Immergrün
Kurze Ruhepause

Diese robuste Hybride ist 1941 aus der Kreuzung von *Brassolaeliocattleya* Queen Elizabeth und *Laeliocattleya* Trivanhoe hervorgegangen und erfreut sich seither großer Beliebtheit. Die 20–23 cm großen Blüten erscheinen im Winter. Die Blütenblätter sind rosa, die schwere runde Lippe violett, der Schlund gelb.
Haltung: Diese Orchidee verlangt einen temperierten Standort. Sie kann im Zimmer gehalten werden, wenn sie sehr helles Licht bekommt. Nach der Blütezeit benötigt die Pflanze eine kurze Ruhezeit, in der sie trockener gehalten wird. Die Sproßknollen dürfen jedoch nicht zu sehr schrumpfen. Wenn die Orchidee auszutreiben beginnt, muß wieder regelmäßig gegossen werden.
(Bild Seite 14)

Brassolaeliocattleya Norman's Bay 'Lows' (FCC/RHS)

Temperiert (13°C)
Gewächshaushaltung
Blüte: Herbst
Immergrün
Kurze Ruhepause

Diese Orchidee, eine Kreuzung aus *Brassocattleya* Hartland und *Laeliocattleya* Ishtar, gehört zu den schönsten rotviolett blühenden Hybriden. Die 20–23 cm großen Blüten besitzen eine prächtig gefranste Lippe und verbreiten einen wunderbaren Duft.
Haltung: Diese Hybride benötigt – wie alle Mehrgattungs-Cattleyen – vor allem helles Licht und einen mittelwarmen Standplatz im Gewächshaus. Nach der Blütezeit muß eine kurze, trockene Ruhepause eingelegt werden. Sobald sich neues Wachstum zeigt, kann wieder mit dem Gießen begonnen werden.
Zur Vermehrung wird das Rhizom zwischen den Pseudobulben getrennt, und immer 2–3 Bulben kommen in einen neuen Topf. Die neuen Pflanzen blühen jedoch erst im 3. oder 4. Jahr.
(Bild Seite 13)

Bulbophyllum collettii

Temperiert (13 °C)
Gewächshaushaltung
Blüte: Frühjahr
Immergrün
Keine strenge Ruhepause

Heimat: Burma
Bulbophyllum ist mit etwa 2000 Arten die größte Gattung unter den Orchideen und in den Tropen und Subtropen der ganzen Erde verbreitet. Wuchsform sowie Größe und Gestalt der Blüten sind entsprechend unterschiedlich.
B. collettii ist eine epiphytische Orchidee mit rundlichen, kantigen Pseudobulben, die auf einem kriechenden Rhizom sitzen. Der Blütenstand erscheint im Frühjahr, noch ehe die neuen Triebe völlig ausgebildet sind. Er trägt 4–6 kastanienbraune Blüten mit gelben Streifen. Die unteren Sepalen hängen herunter, als seien sie zusammengewachsen. Die obere Sepale und die Petalen tragen einen Flaum kurzer, feiner Härchen.
Haltung: Da die Pflanze nicht tief wurzelt, gedeiht sie am besten in einer flachen Schale, auf Baumfarn oder auf Korkrinde. Eine gute Entwässerung ist lebensnotwendig.
(Bild Seite 15)

Calanthe vestita

Warm (18 °C)
Gewächshaushaltung
Blüte: Winter
Laubabwerfend
Trockene Ruhepause

Heimat: Hinterindien, Borneo, Celebes
Die Gattung *Calanthe* umfaßt 150 sympodial wachsende, meist terrestrische Arten. Sie sind wegen ihrer hohen, aufrechten Blütenstände und ihrer vielen, lange haltenden Blüten bei Orchideenzüchtern mit Recht besonders beliebt. *C. vestita* besitzt ziemlich große, kantige Pseudobulben mit breiten, gerippten Blättern. Die Blütenfarbe variiert von Weiß bis Tiefrosa; die Lippe ist oft kräftiger gefärbt.
Haltung: *Calanthe*-Arten gedeihen am besten im Warmhaus bei hellem Licht. Sie müssen während des Wachstums reichlich gegossen und gedüngt werden. Wenn die Blätter in den ersten Wintermonaten welken und abfallen, müssen die Wassergaben nach und nach verringert werden. Nach dem Abblühen sollte man die Pseudobulben in gut durchlässiges Substrat umtopfen (unten in den Topf ein wenig trockenen Kuhdung geben).
(Bild Seite 15)

Catasetum pileatum

Temperiert (13 °C)
Gewächshaushaltung
Blüte: Herbst
Laubabwerfend
Trockene Ruhepause

Heimat: Mittelamerika
Diese sympodial wachsende Art gehört zu einer sehr eigenartigen und interessanten, mit 150 Arten in Mittelamerika verbreiteten Gattung. Sie bildet kräftige Pseudobulben mit papierdünnen, 20–30 cm langen Blättern, die am Ende der Wachstumszeit – gewöhnlich zu Beginn der Blütezeit – abfallen. Die stark duftenden, bis 18 cm großen Blüten sitzen zu 8–12 an einem hängenden Blütenstand. Es gibt männliche, weibliche und Scheinzwitterblüten. Die Blütenfarbe variiert sehr stark von fast Weiß bis Tiefrot. Die Lippe ist sehr groß und hat die Form einer halben Tasse. Eigenartig ist auch das dicke Geflecht kurzer, starrer Luftwurzeln, das sich oft am Grund der Pflanze bildet.
Haltung: In der Wachstumszeit warm, hell und feucht halten. In der Ruhezeit (bei Laubabwurf) nicht gießen, bis im Frühjahr das neue Wachstum eingesetzt hat.

Cattleya aurantiaca

Kalt (11 °C)
Gewächshaushaltung
Blüte: Sommer
Immergrün
Kurze Ruhepause

Heimat: Mittelamerika
Die von Mexiko bis Argentinien verbreitete Gattung *Cattleya* umfaßt 65 sympodiale, meist epiphytische Arten. Diese kleine zweiblättrige Orchidee trägt im Sommer herabhängende Trauben orangeroter, 7,5–10 cm großer Blüten. Sie hat die Eigenart, Samen durch Selbstbestäubung zu bilden, so daß sich die Blüten oft nicht richtig öffnen und ihre Schönheit nicht entfalten. *C. aurantiaca* blüht schon, wenn sie erst 15 cm hoch ist.
Haltung: Diese kleine Orchidee ist leicht in einem kleinen Gewächshaus oder in der Vitrine unterzubringen. Wegen ihrer winzigen Sproßknollen darf sie nicht längere Zeit trocken bleiben. Am besten läßt man sie zu einer großen alten Pflanze heranwachsen, ohne sie zu teilen.
(Bild Seite 15)

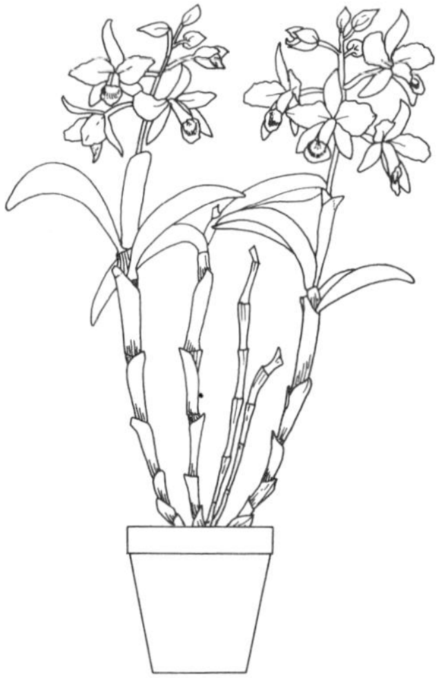

Cattleya Bow Bells

Temperiert (13 °C)
Gewächshaushaltung
Blüte: Frühjahr
Immergrün
Etwas Ruhe

Diese wunderschöne Hybride, eine der berühmtesten Cattleyas der Welt, ist aus der Kreuzung von *C.* Edithae und *C.* Suzanne Hye entstanden. Sie trägt im Frühjahr 15 cm große, schwere Blüten mit reinweißen, sich überlappenden Petalen und schwefelgelbem Schlund.
Haltung: Diese Hybride gehört ins temperierte Haus. Im Winter, wenn die neuen Triebe ausgereift sind, benötigt die Pflanze eine kurze Ruhezeit. Sie sollte jetzt trocken gehalten werden, damit die Blüten länger makellos bleiben.
(Bild Seite 16)

Cattleya bowringiana

Temperiert (11–13 °C)
Gewächshaushaltung
Blüte: Herbst
Immergrün
Winterruhe

Heimat: Mittelamerika
Diese äußerst reich blühende Art wächst epiphytisch. Sie trägt im Spätherbst bis zu 20 7,5 cm große, rosaviolette Blüten. Die Lippe ist tiefviolett mit goldgelbem Schlund.
Haltung: *C. bowringiana* braucht besonders viel Wasser, um die langen Sproßknollen zu versorgen, die am Grund etwas verdickt sind. Nach dem Abblühen ist im Mittwinter eine kurze Ruhepause wohltuend, während der nicht gegossen wird. Die Pflanze liebt – wie alle Cattleyen – ein gut durchlässiges Pflanzsubstrat. Sie verträgt keine stauende Nässe. Die Zucht aus Samen ist langwierig, daher sind Pflanzen aus Züchtereien nicht leicht zu bekommen. Pflege und Vermehrung bereiten jedoch keine Mühe, es lohnt sich also, danach Ausschau zu halten.
(Bild Seite 33)

Cattleya forbesii

Temperiert (13°C)
Gewächshaushaltung
Blüte: Spätsommer
Immergrün
Kurze Ruhepause

Heimat: Brasilien
Diese im Jahre 1823 entdeckte zweiblättrige *Cattleya* von zierlichem Wuchs hat bleistiftdünne Sproßknollen. Die 7,5–10 cm großen Blüten erscheinen im Sommer. Sie sind gelb oder beige. Die röhrenförmige Lippe hat außen blaßrosa Lappen und einen tiefgelben, mit roten Wellenlinien gezeichneten Schlund.
Haltung: Eine „leichte" Pflanze, die auch für die Pflege in der Vitrine geeignet ist. Der Topf soll möglichst klein sein. Die Pflanze braucht das ganze Jahr helles Licht. Sie darf im Sommer leicht mit lauwarmem, weichem Wasser übersprüht werden; es muß jedoch darauf geachtet werden, daß kein Wasser auf die Blüten kommt. Im Winter benötigt die Pflanze eine kurze Ruhezeit bei mäßiger Bewässerung und Temperaturen von 13–15°C. Wenn die Pflanze groß genug ist, kann sie durch Teilung vermehrt werden.
(Bild Seite 33)

Chysis bractescens

Kalt – temperiert (10–13°C)
Gewächshaushaltung
Blüte: Frühsommer
Teilweise laubabwerfend
Trockene Ruhepause

Heimat: Mexiko
Die epiphytische Gattung *Chysis* ist mit 6 Arten von Mexiko bis Peru verbreitet. Wenige, oft große Blätter entspringen aus der oberen Hälfte der bis 46 cm langen, spindelförmigen Sproßknollen. Diese wachsen entweder waagerecht oder hängen herab, so daß die Pflanzen am besten im Hängekörbchen zu halten sind. Alle Arten werfen in der Kultur die Blätter teilweise ab.
Bei dieser Art stehen mehrere, bis 7,5 cm große Blüten in einer Traube auf einem einzigen, verhältnismäßig kurzen Schaft. Die Blüten sind weiß und werden später gelb. Die Lippe ist außen weiß, innen gelb getönt.
Haltung: Während des Wachstums braucht die Pflanze reichlich Wärme und Feuchtigkeit. Nach dem Abwerfen der Blätter muß sie eine Zeitlang im Kalthaus ruhen; während dieser Zeit muß die Wurzel trockener gehalten werden.

Coelogyne cristata

Kalt (10°C)
Gewächshaushaltung
Blüte: Winter–Frühjahr
Immergrün
Trockene Ruhepause

Heimat: Himalaya
Coelogyne ist mit über 120 meist lithophytischen, sympodial wachsenden Arten von Ceylon bis Samoa verbreitet. Trotz ihrer großen Vorzüge sind leider nur wenige in Sammlungen zu finden.
C. cristata ist vielleicht die bekannteste Art der Gattung. Der traubige Blütenstand entspringt aus der Mitte des neuen Triebes. Die schneeweißen Blüten mit einem goldgelben Mal auf der Lippe erscheinen im Mittwinter und halten 4–5 Wochen.
Haltung: *C. cristata* möchte ungestört zu einem Prachtstück heranwachsen. Man muß dabei beachten, daß sie viel Platz im Gewächshaus beansprucht. Wie die meisten *Coelogyne*-Arten gedeiht *C. cristata* gut im kalten Bereich. Während des Wachstums sollte man sie allerdings etwas wärmer stellen. Um zum Blühen zu kommen, benötigt die Pflanze im Winter eine längere, trockene Ruhezeit.
(Bild Seite 33)

Coelogyne ochracea

Kalt (10°C)
Zimmerhaltung
Blüte: Frühsommer
Immergrün
Trockene Ruhepause

Heimat: Indien
Bei dieser beliebten Art sprießen je zwei Blätter aus den glänzend grünen Pseudobulben. Mehrere Blütentrauben entspringen aus den neuen Trieben, wenn diese noch ganz jung sind. Die duftenden Blüten sind wunderhübsch.
Haltung: Diese Art fühlt sich im Zimmer ebenso wohl wie im Kalthaus. Der häufigste Fehler bei der Pflege ist das Gießen während der Winterruhe, wenn die Wurzeln trocken bleiben müssen. Nach dem Abblühen sollte man die Pflanze bis weit in den Herbst hinein wachsen lassen. Wenn die neuen Triebe herangewachsen sind, will die Pflanze ruhen. Sie wird an einen hellen Platz gestellt und nicht mehr gegossen, bis im zeitigen Frühjahr neue Triebe erscheinen. Während der Ruhezeit schrumpfen die Pseudobulben. Sie schwellen jedoch rasch wieder an, wenn wieder normal gegossen wird.
C. ochracea möchte – wie alle Verwandten – möglichst ungestört zu einem Prachtstück heranwachsen.
(Bild Seite 34)

Coelogyne pandurata

Temperiert – warm (16 °C)
Gewächshaushaltung
Blüte: Sommer
Immergrün
Trockene Ruhepause

Heimat: Borneo
Bei dieser Art entspringen aus der Mitte der neuen Triebe wunderschöne, überhängende Trauben mit 5–15 duftenden grünen Blüten, die bis 10 cm groß werden und zu den größten der Gattung gehören. Die geigenförmige Lippe ist teilweise mit tiefschwarzen Haaren bedeckt.
Haltung: Man sollte es nur mit dieser Art versuchen, wenn man genug Platz hat. Da die großen Pseudobulben weit auseinander an einem kriechenden Rhizom sitzen, paßt sie am besten in einen länglichen Korb oder in eine Kiste. Völlige Ruhe im Winter ist zum Blühen unbedingt erforderlich.
Jedes zweite Jahr – wenn die neuen Triebe erscheinen – sollte die Pflanze umgetopft werden. Als Pflanzstoff grobe Rinde verwenden.
Die alten Pseudobulben kann man zur Vermehrung verwenden, vorausgesetzt, daß das Abnehmen die Hauptpflanze nicht schwächt.
(Bild Seite 35)

Colax jugosus

Temperiert (13 °C)
Gewächshaushaltung
Blüte: Frühjahr
Immergrün
Halbtrockene Ruhepause

Heimat: Brasilien
Diese Art besitzt kleine, 2,5–5 cm hohe, ovale Pseudobulben, die sich nach oben verjüngen. Aus ihnen entwickeln sich zwei 15–23 cm lange dunkelgrüne Blätter. An einem Blütenschaft stehen 2–3 ca. 5 cm große Blüten. Die Sepalen sind rahmweiß, ebenso die Petalen, die wie die Lippe kräftig tiefviolett gefleckt sind.
Haltung: Diese Art gedeiht am besten im temperierten Haus mit viel frischer Luft, wenn sie im Topf festwurzelt. Der Pflanzstoff muß locker und gut durchlässig sein. Da sie selten höher als 30 cm wird, läßt sie sich leicht in einem kleinen Gewächshaus unterbringen.
(Bild Seite 35)

Cymbidiella rhodochila

Warm (18°C)
Gewächshaushaltung
Blüte: Winter–Frühjahr
Immergrün
Keine Ruhepause

Heimat: Madagaskar
Dieser sympodial wachsende Epiphyt hat einen ähnlichen Wuchs wie *Cymbidium,* aber im allgemeinen kürzere Blätter. An einem 60–80 cm hohen Schaft, der am Grunde der Pseudobulben entspringt, erscheinen vom Winter bis zum Frühjahr nacheinander bis zu 20 Blüten, jeweils 3–4 auf einmal. Sie sind überaus eindrucksvoll, etwa 7,5 cm groß und langlebig. Die Sepalen und die leicht gewölbten Petalen sind gelblichgrün. Die Petalen sind auffällig grün bis schwarz gefleckt. Die Lippe ist karminrot mit gelben und dunkelgrünen Flecken in der Mitte.
Haltung: Alle 3 *Cymbidiella*-Arten gehören ins Warmhaus und brauchen reichlich Feuchtigkeit und viel Licht, aber keine direkte Sonne. Eine sehr gute Drainage im Wurzelbereich ist besonders wichtig.
(Bild Seite 35)

Cymbidium Angelica 'Advent' (AM/RHS)

Kalt (10°C)
Gewächshaushaltung
Blüte: Herbst–Winter
Immergrün
Keine Ruhepause

Diese herrliche, vom Herbst bis zum Winter blühende Hybride (*Cym.* Lucy Moor × *Cym. Lucense)* trägt eine aufrechte Traube mit einem Dutzend 13 cm großer Blüten. Sepalen und Petalen sind hellgelb, die rahmgelbe Lippe ist wenig, der Schlund dicht dunkelrot gefleckt.
Haltung: Cymbidienhybriden können sehr groß werden und eignen sich am besten für ein Gewächshaus, in dem sie ausreichend Platz bekommen. Wenn sie zu warm stehen, blühen sie in der nächsten Saison wahrscheinlich nicht. Übersprühen mit weichem, lauwarmem Wasser ist besonders während des Wachstums im Sommer förderlich.
(Bild Seite 36)

Cymbidium Ayres Rock 'Cooksbridge Velvet'

Kalt (10°C)
Gewächshaushaltung
Blüte: Winter–Frühjahr
Immergrün
Keine Ruhepause

Diese Hybride gehört zu einer neuen Generation von Cymbidien, bei denen die Farbskala noch mehr nach Tiefrosa hin erweitert worden ist. Die 11 cm großen Blüten sind karminrot und weiß getönt. Die Lippe ist satt dunkelkarminrot mit abstechendem weißen Saum.

Haltung: Die meisten dieser *Cymbidium*-Hybriden brauchen eine Stütze, damit die schweren Blütentrauben nicht unter ihrem eigenen Gewicht abbrechen oder umknicken. Die Blüten halten an der Pflanze 8–10 Wochen. Es ist jedoch ratsam, vor allem bei jungen Pflanzen, die Traube abzuschneiden, wenn die letzte Blüte etwa 10 Tage offen ist. Dies verringert den Kräfteverbrauch zu einer Zeit, in der die Pflanze neue Triebe bildet. Eine der am leichtesten zu vermehrenden Orchideen. Die alten, blattlosen Pseudobulben können beim Umtopfen abgenommen und einzeln eingepflanzt werden.
(Bild Seite 37)

Cymbidium Bulbarrow 'Our Midge'

Kalt (10°C)
Zimmerhaltung
Blüte: Spätfrühjahr
Immergrün
Keine Ruhepause

Die Bulbarrow-Hybriden sind mit Recht in der ganzen Welt berühmt. Die Kreuzung der Standardhybride Western Rose mit der kleinwüchsigen Art *Cym.* devonianum hat einige hervorragende Clone ergeben.
'Our Midge' trägt im späten Frühjahr Trauben mit bis zu 20 rosenroten, 2,5–4 cm großen Blüten mit tiefkarminroter Lippe.

Haltung: Da die Zwerg-Cymbidien kleiner und handlicher sind als die großen, kann man sie im Zimmer unterbringen.
Cymbidien werden leicht von Spinnmilben befallen, besonders wenn sie in trockener Zimmerluft gehalten werden. Regelmäßiges Abwaschen und Abwischen der Blätter, besonders der Unterseite, mit lauwarmem, weichem Wasser hält diese Schädlinge fern.
(Bild Seite 36)

Cymbidium devonianum

Kalt (10°C)
Gewächshaushaltung
Blüte: Frühjahr
Immergrün
Halbtrockene Ruhepause

Heimat: Himalaya
Diese kleinwüchsige Art ist oft zur Züchtung von Zwerg-Cymbidien verwendet worden. Diese Art unterscheidet sich in mancher Hinsicht von den üblichen Cymbidien. Die Pseudobulben sind klein, aber die Blätter erheblich breiter, und sie verjüngen sich plötzlich zur Basis hin. Der kräftige Blütenstengel ist hängend und vielblütig. Die Blüten erscheinen normalerweise im späten Frühjahr oder im Frühsommer. Sie haben eine grüne Grundfarbe und sind rot gefleckt. Die dreieckige Lippe ist violett gewölkt.
Haltung: Die herabhängenden Blütenstände haben die fatale Neigung, sich gleich bei ihrem Erscheinen in den Kompost zu bohren. Man sollte daher ein Etikett darunter stecken, damit sie bis zum Rand des Topfes waagerecht wachsen. Die Pflanze braucht im Winter eine Ruhepause, in der sie nur gelegentlich gegossen werden darf.
(Bild Seite 36)

Cymbidium Dingwall 'Lewes'

Kalt (10°C)
Gewächshaushaltung
Blüte: spätes Frühjahr
Immergrün
Keine Ruhepause

Dies ist eine Hybride aus der Kreuzung *Cym.* Pearl Easter mit *Cym.* Merlin. Sie trägt an einem aufrechten Schaft eine Traube mit bis zu 12 ca. 13 cm großen Blüten. Sepalen und Petalen sind weiß; die Lippe ist rot gezeichnet.
Bei jungen Pflanzen entspringt nur ein Blütenstand aus dem Haupttrieb. Mit zunehmendem Alter entstehen in jeder Saison mehrere neue Triebe, von denen jeder blühen kann, so daß die Zahl der Blütenstände einer großen Pflanze genau der Zahl der neuen Triebe entspricht.
Haltung: Wenn man eine große Pflanze mit 6 oder mehr Blütentrauben haben möchte, darf man die Pflanzen nicht teilen. Das heißt aber, daß genügend Platz im Gewächshaus vorhanden sein muß. In der Blütezeit muß die Pflanze gut schattiert werden, da die Blütenblätter sonst ausbleichen würden.
(Bild Seite 37)

Cymbidium eburneum

Kalt (10°C)
Gewächshaushaltung
Blüte: Winter–Frühjahr
Immergrün
Keine Ruhepause

Heimat: Nordindien, Burma
Diese Art besitzt einen gedrungenen Wuchs mit schlanken Sproßknollen. Die Blätter können mehr als 60 cm lang werden. Der aufrechte Blütenstand entspringt weiter oben aus der Knolle als bei den meisten anderen Cymbidien. Oft erscheinen gleichzeitig mehrere, von denen jeder eine bis 7,5 cm große Blüte trägt. Sie sind weiß bis elfenbeinfarben mit einem gelben Band in der Mitte der Lippe und zwei gelben Flecken zu beiden Seiten. Blüht nicht immer regelmäßig.
Cym. eburneum hat eine große Rolle bei der Züchtung von Hybriden gespielt; es war einer der Eltern der ersten gezüchteten Cymbidienhybride, *Eburneolowianum,* die 1889 von VEITCH registriert wurde. Obwohl die Art für die Züchtung von Bedeutung ist, ist sie nicht kräftig und schwer zum Blühen zu bringen. Daher ist sie jetzt selten und gilt als Objekt für Sammler.
(Bild Seite 38)

Cymbidium Fort George 'Lewes' (AM/RHS)

Kalt (10°C)
Gewächshaushaltung
Blüte: Winter–Frühjahr
Immergrün
Keine Ruhepause

Eine der schönsten reichblühenden grünen Cymbidien der Welt, ein hervorragendes Ergebnis der Kreuzung von zwei der berühmtesten grünblühenden Eltern (*Cym.* Baltic × *Cym.* York Meradith). Oft entspringen aus einer Knolle zwei Trauben mit bis zu 14 Blüten an einem aufrechten Schaft.
Haltung: Die Cymbidien müssen, damit sie regelmäßig blühen, alle 2 Jahre umgetopft werden. Man läßt sie so groß wie möglich werden. Sie können fast das ganze Jahr über gedüngt werden. Im Winter – während der kürzesten Tage – müssen Dünger- und Wassergaben 3 Monate lang auf ein Mindestmaß beschränkt werden.
(Bild Seite 39)

Oben: *Cattleya forbesii,* eine der kleinsten Cattleyas. Sie blüht im Spätsommer und ist ideal für Anfänger. Siehe Seite 26

Rechts: *Coelogyne cristata,* eine entzückende Kalthausart. Sie braucht eine richtige Ruhepause, um regelmäßig zu blühen. Siehe Seite 27

Unten: *Cattleya bowringiana* wächst im temperierten Haus. Sie trägt im Herbst große Trauben attraktiver Blüten. Siehe Seite 25

Oben: *Coelogyne ochracea,* eine der hübschesten und pflegeleichtesten Orchideen, die ideal für den Anfänger ist. Sie kann im Kalthaus oder Zimmer gehalten werden. Sie trägt im Frühjahr Trauben zierlicher, duftender, weißer und gelber Blüten. Siehe Seite 27

Oben: *Coelogyne pandurata,* eine wunderschöne, im Sommer blühende Art, die sich im Warmhaus wohl fühlt. Siehe Seite 28

Rechts: *Cymbidiella rhodochila,* eine aparte Warmhausart, die im Winter und Frühjahr blüht. Siehe Seite 29

Unten: *Colax jugosus* eignet sich für den temperierten Bereich. Leider bekommt man sie nicht oft zu sehen. Siehe Seite 28

Oben rechts: *Cymbidium* Bulbarrow 'Our Midge', eine großartige Zwerg-Hybride, die im Spätfrühjahr blüht. Siehe Seite 30

Oben links: *Cymbidium* Angelica 'Advent', eine der schönsten im Herbst und Winter blühenden Varietäten für das Kalthaus. Eine „leichte" Orchidee für Anfänger. Siehe Seite 29

Unten: *Cymbidium devonianum* ist ideal für Anfänger. Sie gedeiht am besten im Kalthaus. Siehe Seite 31

Oben: *Cymbidium* Ayres Rock 'Cooksbridge Velvet', eine schöne Hybride, die im Winter dunkle Blüten trägt, die bis zu 10 Wochen halten. Siehe Seite 30

Unten: *Cymbidium* Dingwall 'Lewes', eine weiße Hybride, die im Spätfrühjahr blüht. Eine pflegeleichte Kalthausvarietät. Siehe Seite 31

Oben: *Cymbidium eburneum*, eine Kalthausart, die im Winter und Frühjahr 1–3 Blüten trägt. Siehe Seite 32

Links: *Cymbidium lowianum*, eine wunderschöne Kalthausart. Sie trägt im Frühjahr lange, überhängende Blütentrauben. Siehe Seite 49

Oben rechts: *Cymbidium* Fort George 'Lewes', eine Kalthaushybride, die im Winter und Frühjahr blüht. Siehe Seite 32

Rechts: *Cymbidium* Stonehaven 'Cooksbridge', eine Minivarietät mit zahlreichen, im Herbst und Winter erscheinenden Blüten. Siehe Seite 50

Oben: *Cymbidium traceyanum,* eine stark duftende Kalthausart, die im Herbst lange Blütentrauben hervorbringt. Es gibt viele Hybriden von dieser Art, die jetzt in einigen Teilen der Welt als Sammlerobjekt gilt. Siehe Seite 51

Unten: *Cymbidium* Touchstone 'Janis', eine Zwerg-Hybride von gedrungenem Wuchs. Sie bringt im Winter und Frühjahr teilweise herabhängende Blütentrauben hervor. Ideal für Anfänger. Siehe Seite 50

Oben: *Dendrobium aureum,* eine pflegeleichte, gedrungene Kalthausart. Ideal für Anfänger. Sie blüht im zeitigen Frühjahr. Siehe Seite 51

Links: *Dendrobium* Fiftieth State, eine wärmeliebende Hybride, die im Sommersonnenschein erblüht. Die Blüten halten sehr lange. Siehe Seite 52

Oben: *Dendrobium densiflorum* ist eine der schönsten im Frühjahr blühenden Arten. Sie trägt zahlreiche dichte Trauben goldgelber Blüten. Diese Art wird jetzt leider seltener kultiviert. Siehe Seite 52

Oben: *Dendrobium* Gatton Sunray ist von kräftigem Wuchs und braucht viel Platz im temperierten Haus. Sie trägt im Sommer herabhängende Trauben höchst dekorativer Blüten, die bis 10 cm groß werden. Siehe Seite 53

Links: *Dendrobium infundibulum,* eine der prächtigsten *Dendrobium*-Arten. Der endständige Blütenstand trägt im Frühjahr mehrere große Blüten. Siehe Seite 53

Rechts: *Dendrobium* Louisae, eine Wärme und Sonne liebende Hybride. Sie trägt vom Herbst bis zum Winter lange Blütentrauben, die sehr lange halten. Siehe Seite 54

Unten: *Dendrobium nobile,* eine sehr beliebte Kalthausart. Die Blüten erscheinen im Frühjahr an den Knoten der Knolle. Sie braucht viel helles Licht. Siehe Seite 54

Unten rechts: Die Blüten von *Dendrobium pierardii* erscheinen an den Knoten der sehr langen, herabhängenden Sproßknollen. Sie eignet sich am besten als Ampelpflanze. Siehe Seite 55

Ganz links: *Dendrobium* Tangerine 'Tillgates', eine aparte Hybride für das temperierte Haus. Siehe Seite 57

Links: *Dendrobium superbum* trägt im Frühjahr große, stark duftende Blüten. Diese Art eignet sich am besten für den temperierten Bereich. Siehe Seite 56

Unten links: *Dendrobium speciosum,* eine aparte Art, die im Frühjahr duftende Blüten trägt. Siehe Seite 56

Rechts: *Dendrobium secundum* trägt im Frühjahr und Sommer dichte Trauben kleiner, rotgefärbter Blüten. Siehe Seite 55

Unten: Die duftenden Blüten von *Dendrobium transparens* erscheinen im Frühjahr an den Knoten der langen, schlanken Sproßknollen. Siehe Seite 57

Oben: *Dendrobium wardianum* erblüht schon früh im Jahr. Siehe Seite 58

Oben rechts: *Dendrobium williamsonii,* eine gedrungene, duftende, im Sommer blühende Kalthausart. Siehe Seite 58

Rechts: *Doritis pulcherrima* ist eine attraktive Warmhausart mit langen, aufrechten Blütenständen. Siehe Seite 59

Unten: *Dracula chimaera* hieß früher *Masdevallia.* Eine aparte Kalthausart, deren Blüten einzeln vom Winter bis zum Frühjahr erscheinen. Siehe Seite 60

Oben: *Encyclia cochleata,* eine sehr beliebte, für jeden Anfänger geeignete Kalthausart von gedrungenem Wuchs. Die Orchidee gedeiht auch im Zimmer. Immer wieder erscheinen zu verschiedenen Jahreszeiten monatelang haltende Blüten. Wegen der eigenartig geformten und gefärbten Lippe wird diese Orchidee auch „Muschelorchidee" genannt. Siehe Seite 61

Cymbidium lowianum

Kalt (10 °C)
Zimmer- oder Gewächshaushaltung
Blüte: Spätes Frühjahr
Immergrün
Keine Ruhepause

Heimat: Burma, Thailand
Diese Art ist bei der Entstehung fast aller moderner Hybriden beteiligt. Die Pflanze benötigt Platz, da sie fast 1 m hoch werden kann. Im späten Frühjahr entwickeln sich auf dem ca. 90 cm langen, gebogenen Blütenstengel 15–25 ca. 10 cm große, grüne Blüten mit einem roten V auf der Lippe. Bei der Varietät *concolor* ist das V gelb gefärbt. Außerhalb der Blütezeit ist diese Art leicht an den schlanken Sproßknollen zu erkennen.
Haltung: *C. lowianum* hält sich gut im Kalthaus, gedeiht aber auch an einem ausreichend kühlen Platz außerhalb des Gewächshauses. Sie läßt sich leicht durch Abnehmen der blattlosen Pseudobulben vermehren. Um blühfähig zu bleiben, muß die alte Pflanze jedoch mindestens 4–5 Bulben behalten.
(Bild Seite 38)

Cymbidium Peter Pan 'Greensleeves'

Kalt (10 °C)
Zimmer- oder Gewächshaushaltung
Blüte: Herbst
Immergrün
Keine Ruhepause

Ein schönes Beispiel für eine Hybride, die die besten Merkmale beider Eltern (*Cym. ensifolium* × *Cym.* Miretta) geerbt hat – von *Cym. ensifolium* den herrlichen Duft und die Gewohnheit, im Herbst zu blühen, während Miretta die Qualität der Blüte stark gesteigert hat.
Die Blüten sind etwas über 7,5 cm groß. Die Sepalen und Petalen sind zart grün, die Lippe ist kräftig tiefkarminrot gefleckt und gesäumt. Um die Pflanze zu schonen, sollten die Blüten nicht zu lange an der Pflanze bleiben. Am besten schneidet man sie nach zwei Wochen ab.
Haltung: Diese Varietät gedeiht im Zimmer ebensogut wie im Gewächshaus. Wegen ihres gedrungenen Wuchses läßt sie sich ohne Teilung zu einem Prachtstück heranziehen, das in einer Saison mehrere Blütenstände trägt. Zur Vermehrung kann man überzählige blattlose Pseudobulben abnehmen.

Cymbidium Stonehaven 'Cooksbridge'

Kalt (10°C)
Zimmerhaltung
Blüte: Herbst–Winter
Immergrün
Keine Ruhepause

Diese Hybride der zweiten Generation von *Cym. pumilum* (*Cym.* Putana × *Cym.* Cariga) ist eine sehr gute Pflanze mittlerer Größe. Der kräftige Schaft trägt im Herbst und Frühwinter eine Traube aus bis zu 25 schönen, 27 cm großen, rahmgelben Blüten mit blaßgelber, dunkelrot gesäumter Lippe. Die sehr reich blühende, pflegeleichte Pflanze wird als Zimmerpflanze immer beliebter.
Haltung: Da der Blütenstand sehr schwer wird, muß man beizeiten für eine kräftige Stütze sorgen. Am besten steckt man gleich zu Beginn der Blütenstandsentwicklung einen Bambusstab mit in den Topf, an dem man dann den Blütenstiel nach und nach festbinden kann. Die Pflanze blüht nicht, wenn die empfohlene Nachttemperatur nicht eingehalten werden kann. Die Orchidee kann im Sommer auch im Freien stehen.
(Bild Seite 39)

Cymbidium Touchstone 'Janis'

Kalt (10°C)
Zimmer- oder Gewächshaushaltung
Blüte: Winter–Frühjahr
Immergrün
Keine Ruhepause

Diese Zwerg-Cymbidie ist ein schönes Beispiel für die Kreuzungen mit *Cym. devonianum* (*Cym. devonianum* × Mission Bay). Die Pflanzen aus dieser Kreuzung sind klein und offenwüchsig. Sie tragen im Winter und im zeitigen Frühjahr wunderschöne, überhängende Blütentrauben. Die 2,5–4 cm großen Blüten sind bronzefarben mit abstechender, tief karminroter Lippe.
Haltung: Die ideale Orchidee für Anfänger zur Pflege im Zimmer oder im Gewächshaus. Sie muß das ganze Jahr gegossen werden und darf nie völlig austrocknen. Im Frühjahr, Sommer und Herbst leicht düngen. Für erfolgreiches Blühen sind niedrige Nachttemperaturen wichtig. Jedes zweite Jahr gleich nach dem Abblühen in den nächstgrößeren Topf umpflanzen. Von überzähligen blattlosen Pseudobulben einige abnehmen, damit die Pflanze nicht umkippt. Nach dem Umtopfen einige Tage nicht gießen.
(Bild Seite 39)

Cymbidium traceyanum

Kalt (10 °C)
Zimmer- oder Gewächshaushaltung
Blüte: Herbst
Immergrün
Keine Ruhepause

Heimat: Thailand
Diese hochinteressante, prachtvolle Art wurde zu Anfang des Jahrhunderts in so großen Mengen in Thailand gesammelt und ausgeführt, daß sie aus ihrem ursprünglichen Biotop praktisch verschwunden ist.
Sie trägt vom Herbst bis zum Winter 10–13 cm große, stark duftende Blütentrauben an einem langen, überhängenden Schaft. Leider ist der Duft nicht unbedingt angenehm. Die Blüten sind grün mit kräftigen dunkelroten Streifen. Die weiße Lippe ist rot gefleckt. Diese Art entwickelt als einzige der kultivierten Cymbidien einige kurze, aufrechte Wurzeln, die aus den alten Wurzeln nahe der Oberfläche des Pflanzstoffs wachsen.
Haltung: Da diese Art recht groß wird (ca. 1 m hoch), muß man genügend Platz vorsehen. Die Pflanze gedeiht sowohl im Kalthaus als auch an einem kühlen Platz in der Wohnung.
(Bild Seite 39)

Dendrobium aureum

Kalt (10 °C)
Zimmer- oder Gewächshaushaltung
Blüte: Zeitiges Frühjahr
Laubabwerfend
Trockene Winterruhe

Heimat: Indien, Philippinen
Epiphytische, sympodial wachsende Art, deren Pseudobulben sich zu rohrartigen Gebilden von 20–35 cm Länge entwickelt haben. In der Hauptsache wird die indische Varietät kultiviert; die philippinische wird auch unter dem Namen *D. heterocarpum* angeboten. Diese Art blüht als eine der ersten Dendrobien schon in den ersten Frühlingsmonaten. Die bis zu 5 cm großen, angenehm duftenden Blüten sind rahmgelb. Die hellbraune Lippe ist mit kurzen Haaren bedeckt.
Haltung: Dendrobien haben eine schnelle Wachstumsperiode, der eine lange Ruhezeit folgt. Wenn die Blätter im Winter welken und von selbst abfallen, darf nicht mehr gegossen werden. Zur Förderung der Blüte muß die Pflanze während der Ruhezeit hell und kühl (tagsüber 16 °C, nachts 10 °C) stehen. *D. aureum* läßt sich leicht aus alten, in Stücke geschnittenen Sprossen oder aus Nebentrieben vermehren.
(Bild Seite 40)

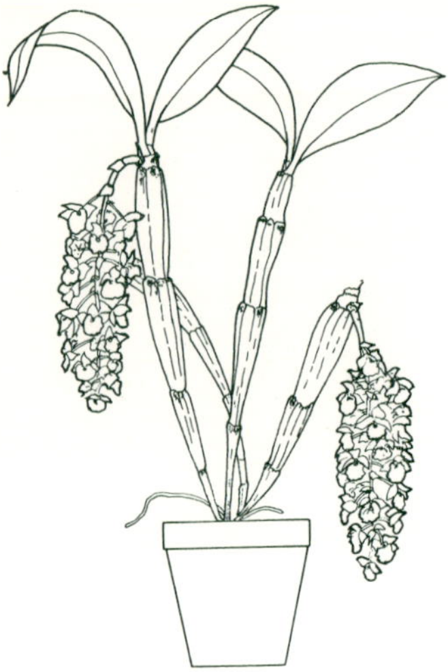

Dendrobium densiflorum

Kalt (10 °C)
Gewächshaushaltung
Blüte: Frühsommer
Immergrün
Trockene Winterruhe

Heimat: Nepal
Diese entzückende, früher häufige Art ist immer schwerer zu bekommen. Aus Knoten an der oberen Hälfte der keulenförmigen Sproßknollen entspringen im Frühling große, herabhängende Trauben mit bis zu 5 cm großen Blüten. Diese entwickeln sich sehr rasch und bleiben etwa 10 Tage makellos. Sie sind leuchtend goldgelb. Die auffallende Lippe ist tieforange. Die Art ist immergrün und verliert jedes Jahr nur einige Blätter.
Haltung: Die Orchidee gehört ins Kalthaus und braucht im Winter eine ausgesprochene Ruhepause. Diese beginnt, sobald an den neuen Sprossen neue, endständige Blätter gewachsen sind. Zum regelmäßigen Blühen ist helles Licht im Herbst und Winter wichtig. Während der Blütezeit trocken halten, damit diese länger dauert. Diese Art ist nicht leicht zu vermehren. Große Pflanzen können notfalls geteilt werden.
(Bild Seite 40)

Dendrobium Fiftieth State

Warm (16–18 °C)
Gewächshaushaltung
Blüte: Sommer
Immergrün
Halbtrockene Ruhepause

Diese schöne Hybride stellt einen ganz anderen Typ von Dendrobien dar, der aus australasiatischen Arten gezüchtet worden ist. Aus der Spitze der reifen Bulbe wachsen endständige Blütenstände, die 6 cm große, weißrosa Blüten tragen, die äußerst lange halten.
Haltung: Die in Hawaii gezüchtete Pflanze gehört ins Warmhaus. Sie gedeiht bei hohen Temperaturen und fast praller Sonne, muß während des Wachstums jedoch reichlich gegossen werden. Nach dem Abblühen benötigt die Pflanze völlige Ruhe, die Sprosse sollten jedoch nicht völlig einschrumpfen.
Die Vermehrung aus den alten Sprossen ist schwierig. Man läßt die Pflanze besser ungeteilt wachsen. Den Topf nicht zu groß wählen. Umtopfen, sobald sich neue Triebe zeigen.
(Bild Seite 40)

Dendrobium Gatton Sunray (FCC/RHS)

Temperiert (13°C)
Gewächshaushaltung
Blüte: Sommer
Immergrün
Trockene Winterruhe

Diese prächtige Hybride ist eine sehr kräftige Pflanze und die größte der kultivierten Dendrobien. Sie wird bis 2 m hoch und braucht entsprechend viel Platz. Die prachtvollen, über 10 cm großen gelb-braunen Blüten, die im Frühsommer erscheinen, bleiben etwa 10 Tage makellos. Eine große Pflanze bringt zahlreiche Trauben hervor, jede mit mehreren Blüten. Da nicht alle Trauben gleichzeitig aufblühen, wird die Blütezeit verlängert.
Wird recht selten kultiviert.
Haltung: Wegen der Größe dieser Orchidee sollte man es nur mit ihr versuchen, wenn man ihr ausreichend Raum und Licht geben kann. Sie gedeiht am besten im temperierten Gewächshaus bei hellem Licht und unter Einhaltung einer strikten Ruhepause im Winter. Die Vermehrung ist sehr langwierig. Jedes zweite Jahr im Frühling umtopfen, wenn sich neue Triebe zeigen.
(Bild Seite 41)

Dendrobium infundibulum

Kalt (10°C)
Gewächshaushaltung
Blüte: Frühjahr
Immergrün
Halbtrockene Ruhepause

Heimat: Hinterindien
Eine sehr schöne Art mit 10 cm großen, papierdünnen weißen Blüten, von denen 1–3 aus der Spitze reifer Sproßknollen herauswachsen. Gutgewachsene Pflanzen bringen riesige Trauben lange haltender Blüten hervor, deren Lippe im Schlund einen hellgelben Fleck trägt. Die Stiele und die Hüllen der jungen Knospen sind zum Schutz mit kurzen schwarzen Haaren bedeckt.
Haltung: Diese immergrüne Art gehört ins Kalthaus. Die Pseudobulben schrumpfen leicht, wenn sie während der Ruhepause zu lange völlig trocken gehalten werden, d. h.: sparsam gießen, damit die Sprosse stets wohlgenährt sind. Alte, blattlose, nutzlos erscheinende Sprosse nur abnehmen, wenn sie braun und völlig verschrumpelt sind. Diese Art läßt sich manchmal durch ältere Sprosse vermehren. In einem kleinen Topf halten und nach dem Abblühen umtopfen.
(Bild Seite 42)

Dendrobium Louisae

Warm (16–18°C)
Zimmer- oder Gewächshaushaltung
Blüte: Herbst–Winter
Immergrün
Halbtrockene Ruhepause

Diese sehr beliebte immergrüne Hybride wird viel gehalten und ist überall leicht erhältlich. Sie ist in Indonesien entstanden durch Kreuzung zweier prächtiger Arten aus Neuguinea, *D. phalaenopsis* var. *schroederianum* und *D. veratrifolium.* Lange, endständige Blütenstände tragen im Herbst und Winter überhängende Trauben prachtvoller, 6 cm großer, satt rosavioletter Blüten, die sehr lange halten.
Haltung: Diese Hybride läßt sich unter günstigen Bedingungen in einem warmen, sonnigen Zimmer oder Gewächshaus, in dem sie sehr viel Licht bekommt, mit ausgezeichnetem Erfolg halten. Die Vermehrung aus alten Sprossen ist allerdings sehr langwierig und schwierig. Am besten läßt man die Pflanze in einem nicht zu großen Topf ungeteilt wachsen. Umgetopft wird, sobald sich neue Sprosse zeigen.
(Bild Seite 43)

Dendrobium nobile

Kalt (10°C)
Zimmer- und Gewächshaushaltung
Blüte: Frühjahr
Teilweise laubabwerfend
Trockene Ruhepause

Heimat: Himalaya
Diese prachtvolle Pflanze ist wohl die beliebteste aller kälteliebenden *Dendrobium*-Arten. Im Frühjahr erscheinen an den Knoten der vorjährigen Sproßknollen, die 30–60 cm hoch und recht kräftig sind, je 1–3 bis zu 8 cm große Blüten. Die Sepalen und Petalen sind weiß mit rosa-violetten Spitzen. Die Lippe hat im Schlund einen satt kastanienbraunen Fleck.
Haltung: Pflanze während der Winterruhe nicht gießen. Erst wenn die Entwicklung der Blütenknospen im Frühjahr deutlich sichtbar ist, wieder mit der Bewässerung beginnen. Wenn zu früh gegossen wird, entwickeln sich die Blütenknospenanlagen zu Nebentrieben. Im Sommer viel gießen und kühl halten. Zu hohe Temperaturen verkürzen die Blütezeit.
D. nobile läßt sich leicht aus blattlosen Sprossen oder durch Nebentriebe vermehren. Den Topf nicht zu groß wählen.
(Bild Seite 42)

Dendrobium pierardii

Temperiert (13°C)
Gewächshaushaltung
Blüte: Frühjahr
Laubabwerfend
Trockene Winterruhe

Heimat: Indien
Diese sehr hübsche Art entwickelt bis 90 cm lange Sproßknollen, die herabhängen, wenn man sie nicht zwingt, im Topf aufrecht zu wachsen. Sie wirft im Winter das Laub ab. Je 2–3 ca. 5 cm große, äußerst hübsche Blüten erscheinen an den Knoten der vorjährigen Sprosse. Sie sind wunderschön zartrosa gefärbt. Die runde Lippe ist rahmgelb mit violett gestreiftem Schlund.
Haltung: Diese Orchidee sollte man am besten zu einer großen Pflanze heranwachsen lassen, d. h. erst nach dem Abblühen mit dem Gießen beginnen (wenn zu früh gegossen wird, entstehen Tochterpflanzen). Damit die Sprosse ihre volle Länge erreichen, sind hohe Sommertemperaturen erforderlich. D. h. aber auch, daß die Luftfeuchtigkeit entsprechend hoch sein muß. Alte Sprosse nur abnehmen, wenn sie verschrumpelt sind. Die Pflanze gedeiht am besten hängend auf Rinde.
(Bild Seite 43)

Dendrobium secundum

Temperiert (13°C)
Zimmer- und Gewächshaushaltung
Blüte: Frühjahr–Sommer
Immergrün
Halbtrockene Ruhepause

Heimat: Malaiische Halbinsel, Philippinen
Attraktive Pflanze mit schlanken, gut belaubten Sprossen, die ihr Laub mehrere Jahre lang behalten, bis sie einige Blätter gleichzeitig verlieren. Die sehr kleinen altrosafarbenen Einzelblüten bilden dichte, 8–10 cm lange Trauben, die ganz oben aus den vorjährigen Sprossen entspringen. Die Lippe besitzt einen kräftigen orangefarbenen Fleck.
Haltung: Diese Art verlangt mittelwarme Temperaturen, eignet sich also auch für die Haltung im Zimmer. Sie sollte in einem möglichst kleinen Topf gehalten werden. Umgetopft wird erst, wenn sich neue Sprosse zeigen. Die Pflanze ist nicht leicht aus alten Sprossen zu vermehren. Am besten teilt man die Pflanze, wenn sie groß genug ist.
(Bild Seite 45)

Dendrobium speciosum

Temperiert – warm (13–18 °C)
Zimmer- und Gewächshaushaltung
Blüte: Frühjahr
Immergrün
Lange, trockene Ruhepause

Heimat: Australien
Diese *Dendrobium*-Art kann bei guter Pflege sehr groß werden – sie wächst aber langsamer als die meisten Dendrobien. Eine ältere Pflanze trägt im Frühjahr auf einem 40–50 cm langen Blütenstand viele recht kleine, dichtgedrängte, duftende, elfenbeinfarbene Blüten. Die Lippe ist violett gesprenkelt.
Haltung: Diese Art gedeiht am besten an einem temperierten und hellen Platz. Sie eignet sich also auch für die Haltung in einem schwach geheizten Zimmer. Allerdings muß für die notwendige Luftfeuchtigkeit gesorgt sein. In der Wachstumszeit braucht die Pflanze Wärme und Feuchtigkeit. In der Ruhepause, die viele Monate dauern kann, darf nicht mehr gegossen werden. *D. speciosum* läßt sich nicht aus alten Bulben vermehren; man kann aber große Pflanzen teilen.
(Bild Seite 44)

Dendrobium superbum

Warm (16–18 °C)
Gewächshaushaltung
Blüte: Frühsommer
Laubabwerfend
Trockene Winterruhe

Heimat: Philippinen
Eine der schönsten laubabwerfenden *Dendrobium*-Arten mit 60–120 cm langen herabhängenden, rohrartigen Bulben. Im Frühjahr erscheinen an allen Knoten der vorjährigen Bulben je 1–2 duftende Blüten. Sie sind 5–6 cm groß und satt rotviolett mit dunkler, getönter Lippe. (Bei der Varietät *album* sind die Blüten reinweiß.)
Haltung: Wegen der sehr langen Bulben sollte man die Pflanze „kopfüber" auf einem Baumstück halten. Bei der Haltung im Topf muß diese Orchidee sorgfältig gestützt werden.
Wenn die Blätter welken, nicht mehr gießen bis zum Beginn der Blüte im nächsten Frühjahr. Alte Sprosse nur abnehmen, wenn sie braun und verschrumpelt sind. Umtopfen, wenn die neuen Triebe deutlich zu sehen sind. *D. superbum* läßt sich manchmal aus alten Sprossen vermehren, wird aber am besten zu einer großen Pflanze herangezogen.
(Bild Seite 44)

Dendrobium Tangerine 'Tillgates' (AM/RHS)

Temperiert (13 °C)
Gewächshaushaltung
Blüte: Frühjahr/Sommer
Teilweise laubabwerfend
Etwas Ruhe

Diese schlankwüchsige Hybride unterscheidet sich beträchtlich von den „traditionell“ kultivierten Dendrobien. Sie ist aus der wunderschönen, wenig bekannten Art *D. strebloceras* von Westneuguinea gezüchtet worden. Die Hybride ist bunter als die Stammform. Die 7,5 cm großen Blüten haben leuchtend orangefarbene Petalen, Sepalen und Lippe sind senfgelb. Die aufrechtstehenden Petalen ähneln den Hörnern von Antilopen.
Haltung: Da diese Orchidee das ganze Jahr über helles Licht benötigt, gedeiht sie nicht im Zimmer, sondern gehört ins temperierte Gewächshaus. Sie ist schwierig zu vermehren und darf nicht zu früh geteilt werden.
(Bild Seite 44)

Dendrobium transparens

Temperiert (13 °C)
Gewächshaushaltung
Blüte: Frühjahr
Laubabwerfend
Trockene Winterruhe

Heimat: Nepal
Diese reichblühende Art wächst gut als Hängepflanze auf Rinde. Die 4 cm großen Blüten erscheinen früh im Jahr an allen Knoten der vorjährigen Bulben. Sie sind blaß rosalila; die Spitzen der Petalen sind kräftiger gefärbt. Die Lippe besitzt zwei auffällige violette Flecken.
Haltung: Die Pflanze braucht viel Ruhe vor der Blütezeit im nächsten Frühjahr. Wenn die Blätter welken, nicht mehr gießen, bis die Blüten erscheinen. Während des Wachstums auf Spinnmilben achten.
Wenn man die Pflanze lieber im Topf hält, kann man sie wunderschön als Fächer ziehen. Den Topf nicht zu groß wählen. Zur Vermehrung kann man Tochterpflanzen nehmen, die sich leicht bilden. Sonst zu einer großen Pflanze heranwachsen lassen, ehe man sie teilt. Alte Sprosse nur abnehmen, wenn sie braun und verschrumpelt sind. Nach dem Abblühen umtopfen.
(Bild Seite 45)

Dendrobium wardianum

Kalt (10 °C)
Gewächshaushaltung
Blüte: Winter
Laubabwerfend
Trockene Winterruhe

Heimat: Indien
Eine der schönsten Kalthausarten mit 5–6 cm großen weißen Blüten, die an allen Knoten der vorjährigen Bulben stehen. Alle Blütenblätter haben amethystfarbene Spitzen. Die Lippe besitzt einen großen, hellgelben Schlundfleck mit zwei kleineren, kastanienbraunen Flecken. Die rohrartigen Bulben können bei einer großen Pflanze sehr lang werden.
Haltung: Wegen der langen Bulben sollte die Pflanze auf einem Baumstück gehalten werden. Wenn sie aufrecht im Topf gehalten wird, muß sie gestützt werden.
Den Topf nicht zu groß wählen. Während des Wachstums reichlich gießen. Braucht im Winter helles Licht, um erfolgreich zu blühen. Alte Sprosse nur abnehmen, wenn sie braun und verschrumpelt sind. *D. wardianum* läßt sich manchmal aus alten Sprossen vermehren. Gleich nach dem Abblühen umtopfen, wenn die neuen Triebe schon deutlich zu sehen sind.
(Bild Seite 46)

Dendrobium williamsonii

Kalt (10 °C)
Zimmer- und Gewächshaushaltung
Blüte: Frühjahr–Sommer
Immergrün
Halbtrockene Ruhepause

Heimat: Südostasien
Eine gedrungene Art, deren Sproßknollen nicht sehr lang werden. Sie wächst mehr in die Breite als in die Höhe. Die zahlreichen, 4 cm großen, duftenden und langlebigen Blüten erscheinen im Frühsommer an der Spitze der neugebildeten Bulben. Sie sind elfenbeinweiß. Die röhrenförmige Lippe ist hübsch ziegelrot gezeichnet.
Haltung: Diese Art braucht zum Blühen weniger Licht als die meisten anderen Dendrobien, eignet sich daher besser zur Pflege im Zimmer. Den Topf nicht zu groß wählen. Bulben während der halbtrockenen Winterruhe nicht verschrumpeln lassen. Alte Bulben blühen im nächsten Jahr noch einmal. Umtopfen, sobald sich neue Triebe zeigen.
Wächst auch gut auf Rinde, entwickelt sich dann rasch zu einer großen Pflanze, die jedes Jahr mehrere neue Triebe hervorbringt.
(Bild Seite 47)

Dendrochilum glumaceum

Kalt (10°C)
Zimmer- und Gewächshaushaltung
Blüte: Frühjahr
Immergrün
Halbtrockene Ruhepause

Heimat: Südostasien
Von der Gattung *Dendrochilum,* die früher *Platyclinis* genannt wurde, kennt man 150 Arten. Die kultivierten Arten stammen meist von den Philippinen. *Dendrochilum*-Arten besitzen kleine, ovale Pseudobulben, aus denen ein einziges Blatt sprießt. Aus der Mitte des neuen Triebes entwickeln sich dünne, drahtige, zuerst aufrechte, später überhängende Blütenstiele. An einem Stiel wachsen in 2 Reihen bis zu 80 winzige Blüten. Die Blüten von *D. glumaceum* sind strohgelb und duften sehr stark.
Haltung: Trotz ihrer tropischen Herkunft gedeiht diese Orchidee auch im Zimmer und im Kalthaus. Sie muß auf jeden Fall gut vor praller Sonne geschützt werden. Während der Hauptwachstumszeit brauchen die Wurzeln viel Feuchtigkeit, jedoch Vorsicht vor Staunässe! Im Winter ruht die Pflanze gewöhnlich, sie muß dann trockener gehalten werden.

Doritis pulcherrima

Warm (18°C)
Gewächshaushaltung
Keine feste Blütezeit
Immergrün
Keine Ruhepause

Heimat: Südostasien
Die einzige Art dieser Gattung wird heute von Sammlern sehr geschätzt. In Wuchs und Erscheinung ist sie der verwandten Gattung *Phalaenopsis* sehr ähnlich, wird aber meist größer. Sie hat 3–4 Paar steifer, graugrüner, auf der Oberseite dunkelviolett gefleckter Blätter. Der aufrechte Blütenstengel wird bis über 60 cm hoch. Er trägt im oberen Teil 10–25 Blüten, und zwar zu allen Jahreszeiten, oft mehrmals im Jahr. Da sich immer mehrere Blüten gleichzeitig öffnen und jede einzelne viele Wochen hält, kann eine Traube 4–5 Monate blühen. Die Blüten variieren sehr in Größe (2–4 cm) und Farbe, die von Violettrosa bis Tiefviolett reicht. Die Seitenlappen der Lippe sind aufwärts gebogen und tief orange- oder dunkelrot gefärbt.
Haltung: *D. pulcherrima* benötigt viel Wärme und eine hohe Luftfeuchtigkeit, muß allerdings vor praller Sonne geschützt werden.
(Bild Seite 47)

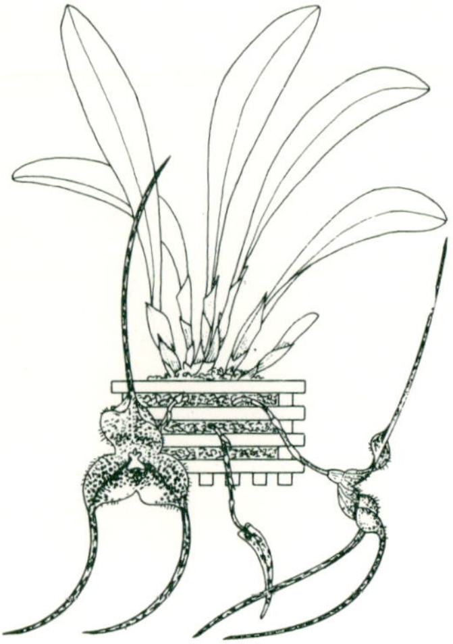

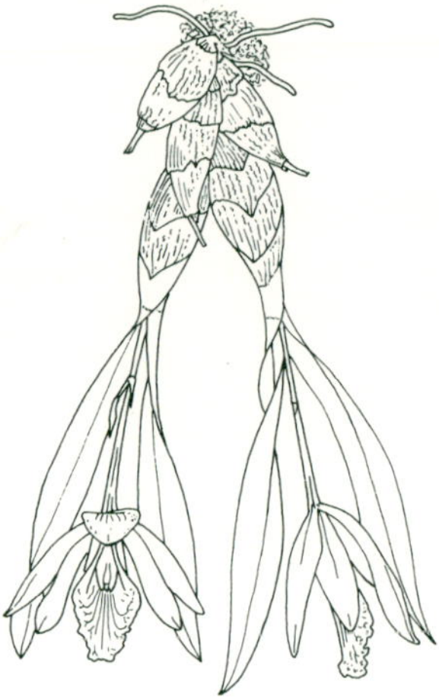

Dracula chimaera

Kalt (10°C)
Gewächshaushaltung
Blüte: Winter – Frühjahr
Immergrün
Keine Ruhepause

Heimat: Hochanden
Diese Art wurde bis vor kurzem zur Gattung *Masdevallia* gezählt. Sie bildet keine Pseudobulben: Die dicken Blätter sprießen unmittelbar aus dem kriechenden Rhizom. Die Blüten öffnen sich nacheinander an einem einzigen, 20 cm langen Blütenstiel. Jede von ihnen kann 15–30 cm groß werden. Die Sepalen laufen in bis 15 cm lange Schwänze aus. Die Blüten sind rahmfarben, leicht oder kräftig violett gefleckt und mit kurzen, violetten Haaren bedeckt.
Haltung: Für diese Art aus den Hochanden stellt das Kalthaus mit viel Schatten und frischer Luft während der Sommermonate naturgemäß den idealen Standort dar. Da sie keine Scheinknollen erzeugt, darf sie nie ganz trocken werden, der Wurzelbereich muß gut durchlässig sein. Da sie wegen ihres herabhängenden Wuchses dazu neigt, in den Pflanzstoff hineinzuwachsen, pflanzt man sie am besten in ein Körbchen.
(Bild Seite 46)

Encyclia citrina

Kalt (9°C)
Gewächshaushaltung
Blüte: Frühsommer
Teilweise laubabwerfend
Trockene Ruhepause

Heimat: Mexiko
Diese Art wurde früher zur Gattung *Cattleya* gezählt. Sie besitzt 5–7 cm große, eiförmige Pseudobulben, an deren Ende 2–3 graugrüne, riemenförmige, hängende, ca. 20 cm lange Blätter sitzen. An den herabhängenden Blütenstengeln sitzt je eine etwa 8 cm große, zitronengelbe, stark duftende Blüte, deren Lippe manchmal weiß gerändert ist.
Haltung: Diese Art möchte ein gut schattiertes Kalthaus. Sie gedeiht am besten, wenn man sie von einem Baumstück oder einer Rinde herabhängen läßt. Anders als viele Orchideen sollte *E. citrina* das ganze Jahr über eher trocken als naß gehalten werden. Es sollte nur so viel gegossen werden, daß die Pseudobulben nicht zu stark schrumpfen. Diese Orchidee verträgt überhaupt keine Wärme.

Encyclia cochleata

Kalt (10°C)
Zimmer- und Gewächshaushaltung
Keine feste Blütezeit
Immergrün
Etwas Ruhe

Heimat: Südamerika
Diese Kalthausart wird auch als *Epidendrum cochleatum* bezeichnet. Sie hat ca. 18 cm lange, abgeflachte, birnenförmige Pseudobulben. Die Blüten mit ihren dünnen, grünen Sepalen und Petalen, die unter der muschelförmigen, tiefvioletten, fast schwarzen Lippe herabhängen, erinnern an einen Kraken. In Abständen erscheinen mehrere Blüten auf einmal auf einem Schaft, der bei einer alten Pflanze bis 2 Jahre lang blühen kann. Diese Art ist so kräftig, daß der neue Trieb durch die Blüte keineswegs beeinträchtigt wird.
Haltung: Die Pflanze muß in der Wachstumszeit warm und feucht gehalten werden. Eine der wenigen Orchideen, die man während der Blütezeit umtopfen kann (dies ist erforderlich, wenn das neue Wachstum im Frühjahr begonnen hat). Die alten, blattlosen Pseudobulben kann man zur Vermehrung abnehmen; allein eingepflanzt, entwickeln sie schnell neue Triebe.
(Bild Seite 48)

Encyclia mariae

Kalt (9°C)
Gewächshaushaltung
Blüte: Sommer
Teilweise laubabwerfend
Trockene Ruhepause

Heimat: Mexiko
Diese Art wird auch als *Epidendrum mariae* bezeichnet; sie ähnelt *E. citrina*, wächst aber aufrecht im Topf. Auf einem dünnen Stiel sitzen 1–5 etwa 5 cm große Blüten. Sepalen und Petalen sind gelblichgrün, die Lippe, die oft der breiteste Teil der Blüte ist, ist reinweiß. Die Blüten sind im Verhältnis zur Pflanze sehr groß und halten lange.
Haltung: Diese Art sollte nie stark gegossen werden, sie verträgt keine stauende Nässe! Die Blätter bekommen leicht Wasserflecken, darum auch nicht sprühen. Außerhalb der Wachstumszeit an einem recht schattigen Platz ruhen lassen. Als Pflanzstoff eignet sich auch ein Stück Rinde, auf der man die Pflanze einige Jahre ungestört wachsen läßt. Die Vermehrung aus den Pseudobulben ist langwierig. Wenn sich zu viele blattlose Bulben bilden, müssen sie ganz vorsichtig abgenommen werden, ohne daß die Pflanze gestört wird.
(Bild Seite 66)

Encyclia pentotis

Kalt (10°C)
Zimmer- und Gewächshaushaltung
Blüte: Frühsommer
Immergrün
Etwas Ruhe

Heimat: Mexiko
An der Spitze der schlanken, zylindrischen Pseudobulben stehen zwei schmale, dunkelgrüne Blätter. Zwischen ihnen erscheinen auf ganz kurzen Stielen die Blüten, meist zwei, die Rücken an Rücken stehen mit der Lippe zuoberst, so daß sie landenden Schmetterlingen ähneln. Die Sepalen und Petalen sind rahmgelb, ganz leicht hellgrün getönt. Die Lippe ist rahmweiß mit violetten Streifen. Große Pflanzen blühen sehr reich.
Haltung: Diese wunderschöne, herrlich duftende Art gedeiht gut im Kalthaus oder im Zimmer bei hellem Licht. Sie wächst mühelos und ist leicht zu vermehren. Gewöhnlich bilden sich jedes Jahr mehrere neue Triebe; die Pflanze kann aber auch aus den alten, blattlosen Knollen vermehrt werden. Im Sommer sollte man die Orchidee mit weichem, lauwarmem Wasser übersprühen, im Winter benötigt sie eine halbtrockene Ruhepause.
(Bild Seite 65)

Encyclia vitellina

Kalt (10°C)
Zimmer- und Gewächshaushaltung
Blüte: Herbst
Immergrün
Trockene Ruhepause

Heimat: Mexiko, Guatemala
Diese epiphytische Orchidee wird auch als *Epidendrum vitellinum* bezeichnet. Die ovalen Pseudobulben tragen zwei blaugrüne Blätter, zwischen denen der endständige Blütenstengel entspringt. Bei einer großen Pflanze wird er 30 cm und länger. Auf sich verzweigenden Stielen sitzen mindestens 12 leuchtend orangerote Blüten mit schmaler orangefarbener Lippe. Die Blüten halten lange und bieten im Frühjahr ein farbenfrohes Bild.
Haltung: Diese Art kann im Zimmer im Topf gezogen werden oder im Kalthaus. Hier entwickelt sie sich auf einem Stück Korkrinde zu einem Prachtexemplar. Die Pflanze benötigt im Winter, solange sie nicht wächst, eine trockene Ruhepause. Übersprühen ist nicht zu empfehlen, da die Blätter leicht Wasserflecken bekommen.
(Bild Seite 66)

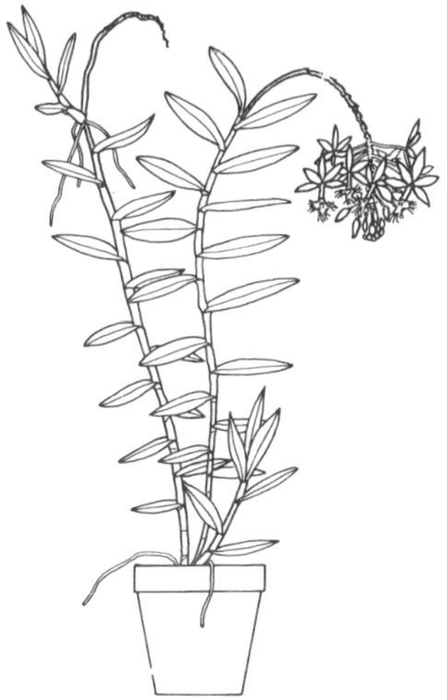

Epidendrum ibaguense

Kalt (9°C)
Gewächshaushaltung
Keine feste Blütezeit
Immergrün
Keine Ruhepause

Heimat: Mittel- und Südamerika
Epidendrum ist eine der größten Gattungen. Man kennt über 1000 Arten. Sie sind so verschiedenartig im Wuchs wie in der Größe und Gestalt der Blüten, daß einige Gruppen als eigene Gattungen abgetrennt worden sind; die verbleibenden sind meist Epiphyten. Sie lassen sich in zwei natürliche Gruppen einteilen: solche mit ovalen oder runden Pseudobulben und solche mit Pseudobulben, die schilfartige Stämme bilden. – Diese Art ist auch als *E. radicans* bekannt. Sie gehört zur Gruppe mit schilfartigen Bulben, die erdbewohnend sind. Die Stiele sind je nach Standort 60–150 cm lang. Sie tragen fast in ihrer ganzen Länge rundliche Blätter und viele Luftwurzeln. Die 2,5 cm großen Blüten sind orange- oder scharlachrot. Die flache Lippe ist stark gekräuselt.
Haltung: Die Pflanze gedeiht am besten im Kalthaus bei hellem Licht.
(Bild Seite 66)

Epidendrum stamfordianum

Temperiert (13°C)
Gewächshaushaltung
Blüte: Frühsommer
Immergrün
Trockene Ruhepause

Heimat: Mittelamerika
Diese Art hat hohe, spindelförmige Pseudobulben mit je 2–3 dicken Blättern. Der sich verzweigende Blütenstiel, der im Gegensatz zu allen anderen Epidendren am Grunde der Pflanze entspringt, trägt zahlreiche duftende, gelbe, rotgefleckte Blüten.
Haltung: Die Pflanze möchte es ziemlich warm und recht hell haben. Sie eignet sich daher am besten für das temperierte Haus. Während des Wachstums im Sommer benötigt die Pflanze viel Wasser. Im Winter braucht sie völlige Ruhe. Sie kann im Topf gehalten werden oder auf Rinde. Die Vermehrung erfolgt am besten durch Teilung der Hauptpflanze, wenn diese groß genug ist.
(Bild Seite 67)

Epigeneium amplum

Kalt (10°C)
Gewächshaushaltung
Blüte: Herbst
Immergrün
Halbtrockene Ruhepause

Heimat: Südasien
Diese interessante epiphytische Art gehört zu einer Gattung, die zwischen *Dendrobium* und *Bulbophyllum* steht und mit 35 Arten in Südasien weit verbreitet ist. Es werden jedoch nur 2 Arten kultiviert. An einem aufwärts kriechenden Rhizom stehen ovale Pseudobulben mit je zwei Blättern. Das Wurzelsystem besteht nur aus wenigen kurzen Wurzeln, gerade genug, um die Pflanze zu verankern. Ein kurzer endständiger Schaft trägt jeweils eine einzige farbenprächtige Blüte. Die schmalen, sich verjüngenden Sepalen und Petalen sind hellgrün mit braunem Anflug. Die herzförmige Lippe ist dunkelbraun.
Haltung: Wegen ihres kriechenden Wuchses hält man diese Orchidee am besten an einem Stück Baumrinde. *E. amplum* ist fürs Kalthaus geeignet. Während des Wachstums muß die Pflanze feucht, während der Ruhepause im Winter dagegen eher trocken gehalten werden.

Eria coronaria

Kalt – temperiert (10–13°C)
Gewächshaushaltung
Blüte: Frühjahr
Immergrün
Etwas Ruhe

Heimat: Indien
Diese aus Indien stammende Art ist seit langem in gemischten Sammlungen beliebt. Sie blüht sehr reich. Die Blüten – obwohl verhältnismäßig klein – gehören zu den größten der Gattung. Am Ende der bis 20 cm langen, schlanken, schilfrohrähnlichen Pseudobulben entspringen zwei breite Blätter. Auf kurzen Stielen stehen 3–5 wunderschön duftende, 2,5–4 cm große, rahmweiße Blüten. Die tiefviolette Oberseite der Lippe ist gelb gezeichnet.
Haltung: Diese Art gedeiht auch in einem kühlen Gewächshaus, liebt es jedoch mittelwarm. Der Pflanzstoff muß gut durchlässig sein, da die Pflanze Staunässe nicht verträgt. Durch Teilung kann man diese Orchidee vermehren. Alte Pseudobulben nur abnehmen, wenn sie abgestorben, d. h. wenn sie schwarz sind.

Oben: *Encyclia pentotis,* eine wunderschöne Kalthausart, die sich jedoch auch im hellen Zimmer halten läßt. Die stark duftenden, ungemein attraktiven Blüten erscheinen im Sommer und halten recht lange. Die Pflanze ist von gedrungenem Wuchs und besitzt hohe, schlanke Pseudobulben. Siehe Seite 62

Ganz links oben: *Encyclia vitellina* ist ebenfalls für das Kalthaus und das Zimmer geeignet. Sie trägt im Herbst an einem aufrechten Schaft eine Rispe ungemein leuchtend gefärbter Blüten. Siehe Seite 62

Oben links: *Encyclia mariae,* eine kleine Pflanze mit prächtigen, großen Blüten, die im Sommer erscheinen. Siehe Seite 61

Oben: *Epidendrum stamfordianum* trägt im Sommer attraktive, duftende Blüten. Sie gedeiht am besten im temperierten Haus. Siehe Seite 63

Links: *Epidendrum ibaguense* gehört zu der *Epidendrum*-Gruppe, deren Pseudobulben schilfartige Stämme bilden. Diese Pflanze kann sehr groß werden. Siehe Seite 63

Rechts: *Eulophia guinensis,* eine wunderschöne, laubabwerfende Art. Sie trägt im Sommer hohe, aufrechte Blütenstände. Siehe Seite 81

Links: *Eria javanica,* eine wenig bekannte Art, die die Wärme liebt. Die Rispen duftender Blüten erscheinen im zeitigen Frühjahr. Siehe Seite 81

Unten: *Gongora galeata* muß in einem Korb gehalten werden, da die Blütenstengel nach unten hängen. Die zahlreichen, eigenartigen Blüten duften stark nach Orangen. Siehe Seite 82

Links: *Gomesa crispa*, eine kleinwüchsige Kalthausart, die im Sommer zierliche Blütenrispen trägt. Siehe Seite 82

Unten: *Grammangis ellisii*, eine große, kräftige Warmhausart, die im Sommer lange, überhängende Trauben schwach duftender Blüten entwickelt. Siehe Seite 83

Oben: *Laelia cinnabarina* blüht im Winter und Frühjahr. Die Orchidee benötigt vor allem ein gut durchlässiges Pflanzsubstrat. Siehe Seite 84

Oben: *Laelia anceps,* eine äußerst beliebte Kalthausart. Die Pflanze trägt im Herbst mehrere Blüten auf einem hohen Schaft. Siehe Seite 84

Unten: *Huntleya burtii* entwickelt keine Pseudobulben. Die Blätter entwickeln sich fächerförmig aus dem Mittelstamm. Siehe Seite 83

Oben: *Laelia gouldiana* trägt im Winter mehrere große Blüten oben an einem endständigen Schaft, der im Herbst aus der fertigen Knolle entspringt. Sie braucht zum Blühen helles Licht.
Siehe Seite 85

Oben: *Laeliocattleya* Chitchat 'Tangerine', eine sehr attraktive, aparte Hybride des temperierten Bereichs. Sie bringt im Sommer Trauben kleiner, leuchtender Blüten hervor. Siehe Seite 86

Ganz oben: *Lycaste aromatica,* eine laubabwerfende Kalthausart, die im Frühjahr eine einzige duftende Blüte trägt. Siehe Seite 86

Oben: Bei *Lycaste cruenta* erscheinen die wunderschönen, duftenden Blüten im Winter und Frühjahr. Siehe Seite 87

Unten: *Maclellanara* Pagan Lovesong, eine große, kräftige Hybride des kalten oder temperierten Bereichs. Siehe Seite 88

Oben: *Lycaste deppei* bringt im Winter und Frühjahr lange haltende Blüten hervor. Siehe Seite 87

Oben: Die Blüten von *Lycaste virginalis* können bis 15 cm groß werden. Siehe Seite 88

Unten: *Masdevallia tovarensis* blüht im Herbst. Der alte Blütenstengel blüht noch einmal. Siehe Seite 89

Links: Die Blüte von *Masdevallia coccinea* unterscheidet sich grundlegend von anderen Orchideenblüten. Bei dieser Art sind die Sepalen die größten Blütenteile. Siehe Seite 89

Rechts: *Miltonia* 'Peach Blossom' eignet sich gut für das Zimmer oder das temperierte Haus. Siehe Seite 92

Unten: *Maxillaria picta* trägt im Winter einzelne, äußerst hübsche, duftende, lange haltende Blüten. Siehe Seite 90

Rechts unten: *Maxillaria tenuifolia* bringt im Sommer ca. 2,5 cm große, duftende Blüten hervor, die auf kurzen Stielen sitzen. Siehe Seite 91

Oben: *Miltonia clowesii*, eine meist im Herbst blühende Art des temperierten Bereichs mit bis zu 60 cm hohen Blütenständen. Siehe Seite 91

Oben: *Miltonia spectabilis* trägt im Herbst einzelne rosa-weiße Blüten. Siehe Seite 93

Links: *Miltonia roezlii* var. *alba,* eine seltene weiße Form. Sie eignet sich am besten für das temperierte Haus. Siehe Seite 92

Oben: *Odontioda* Dalmar 'Lyoth Bachus' blüht zu verschiedenen Jahreszeiten. Siehe Seite 93

Oben: *Odontoglossum cervantesii* blüht sehr lange im Winter und Frühjahr. Die im Verhältnis zur Größe der Pflanze sehr großen Blüten stehen auf kurzen Stielen. Siehe Seite 95

Eria javanica

Warm (18 °C)
Gewächshaushaltung
Blüte: Winter–Frühjahr
Immergrün
Keine strenge Ruhepause

Heimat: Indien, Malaysia
Obwohl über 550 Arten der Gattung *Eria* in Indien und Malaysia verbreitet sind, findet man heute nicht viele in Sammlungen. Dies ist erstaunlich, denn einige sind sehr prächtig, und sie sind im allgemeinen pflegeleicht. Bei dieser besonders prächtigen Art sind die Pseudobulben ca. 7,5 cm hoch; sie tragen zwei 30–60 cm lange Blätter. Der endständige, aufrechte Blütenstand wird bis 60 cm hoch. Die ca. 4 cm großen, grünlich rahmfarbenen Blüten bilden eine vielblütige lockere Traube.
Haltung: Diese *Eria*-Art möchte es gerne warm und hell haben. Nach der Wachstumsperiode sollte man sie etwas kühler halten, damit die Pflanze leichter Blüten ansetzt.
(Bild Seite 68)

Eulophia guinensis

Warm (18 °C)
Gewächshaushaltung
Blüte: Sommer
Laubabwerfend
Trockene Ruhepause

Heimat: Afrika
Die meisten der 200 bekannten Arten der Gattung *Eulophia* kommen aus dem tropischen und subtropischen Afrika, und fast alle sind terrestrisch. Sie lassen sich nach Wuchs und Blütenform grob in zwei Gruppen einteilen: in Pflanzen mit breiten, birnenförmigen Pseudobulben und langen Blättern, die nach der Wachstumszeit abfallen, und in Pflanzen mit dünnen, zigarrenförmigen Pseudobulben und schmalen Blättern, die über Jahre hinweg halten. *E. guinensis* gehört zur ersten Gruppe. Der Blütenstand erscheint noch während des Wachstums. Er wird 60–90 cm hoch und trägt 6–15 Blüten. Die 2,5–4 cm breite, gespornte Lippe ist rosa mit dunkleren Adern. Die kurzen, schmalen, zurückgebogenen Sepalen und Petalen sind stumpf purpurrot mit grünen Adern.
Haltung: Nach einer kühlen, trockenen Ruhepause während des Winters muß die Pflanze ins Warmhaus gebracht werden, wo sie viel Licht und Wasser bekommt.

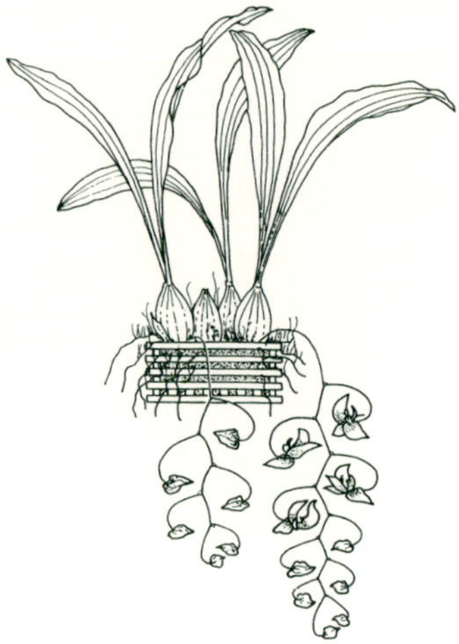

Gomesa crispa

Kalt (10°C)
Gewächshaushaltung
Blüte: Sommer – Herbst
Immergrün
Keine Ruhepause

Heimat: Brasilien
Obwohl den Züchtern etwa 10 Arten dieser epiphytischen Gattung zur Verfügung stehen, wird nur *G. crispa* gezüchtet. Die Pseudobulben und Blätter von *G. crispa* ähneln denen von *Odontoglossum*, sind aber etwas blasser. Der überhängende Blütenstand wird bis 23 cm lang. Oft entspringen zwei aus einer Bulbe. Die süß duftenden, gelblichgrünen Blüten sind ca. 1,25 cm groß; sie stehen dichtgedrängt in einer Traube.
Haltung: Diese Orchidee gehört ins Kalthaus und braucht im Sommer etwas Schutz vor hellem Licht. Der Wurzelbereich muß gut gewässert sein, daher ist die Haltung auf einem Stück Korkrinde am besten. Bei der Haltung im Topf muß man einen groben Pflanzstoff verwenden. Da die Pflanze vom Topf weg nach oben wächst, müssen die Wurzeln draußen bleiben. Im Sommer sollte die Pflanze öfter mit lauwarmem, weichem Wasser übersprüht werden.
(Bild Seite 69)

Gongora galeata

Kalt – temperiert (10–13°C)
Gewächshaushaltung
Blüte: Sommer
Immergrün
Keine strenge Ruhepause

Heimat: Mexiko
Die epiphytische Gattung *Gongora* ist von Mexiko bis Brasilien verbreitet. Von den etwa 12 bekannten Arten werden nur ganz wenige gelegentlich kultiviert. *G. galeata* duftet stark nach Orangen. Sie ist von elegantem Wuchs; die ovalen, gerippten Pseudobulben tragen je zwei schmale Blätter und ein gut entwickeltes Wurzelsystem. Die Blütenstengel sind äußerst dünn. Sie wachsen nach unten und werden ca. 15 cm lang. An ihnen sitzen 6–8 eigenartig gestaltete, ca. 5 cm große Blüten, die meist bräunlich-gelb bis beige-orange gefärbt sind.
Haltung: Die Pflanze muß während des Wachstums im Sommer gut gegossen und leicht gedüngt werden. Sie möchte stets hell stehen, besonders im Winter. Wegen der hängenden Blütenstände muß diese Orchidee in einem offenen Korb gehalten werden. Die Blüten sind gegen Spritzwasser empfindlich.
(Bild Seite 68)

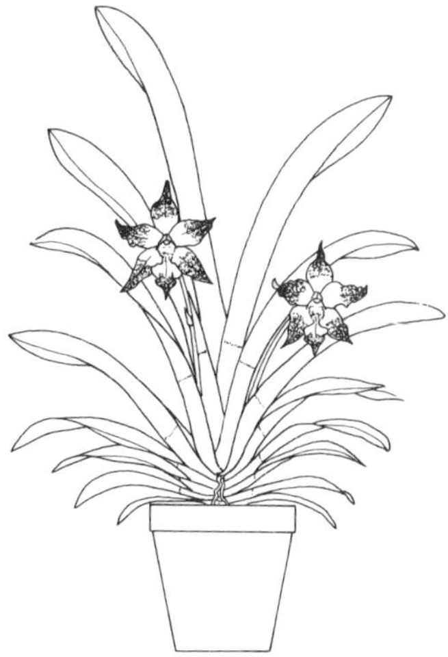

Grammangis ellisii

Warm (18 °C)
Gewächshaushaltung
Blüte: Sommer
Immergrün
Keine strenge Ruhepause

Heimat: Madagaskar
G. ellisii gehört zu einer kleinen Gattung mit 5 bekannten Arten bemerkenswert schöner epiphytischer Orchideen. Die große, kräftige Pflanze braucht viel Platz. Die spindelförmigen Pseudobulben sind vierkantig, was ungewöhnlich ist. An ihrem oberen Ende wachsen mehrere lange, lederige Blätter. Im Sommer entspringen aus den halbfertigen Neutrieben die vielblütigen, überhängenden Blütenstände. Die zart duftenden, 9 cm großen Blüten ähneln denen von *Lycaste*. Die gelbe Grundfarbe der großen Sepalen wird teilweise durch dichte rotbraune Streifung verdeckt. Petalen und Lippe sind kleiner.
Haltung: Diese Warmhausart muß während des Wachstums reichlich gegossen und gedüngt werden. Sie braucht im Winter weniger Wasser, dafür aber zusätzliches Licht. Die Pflanze verträgt keine Störung und darf nur im äußersten Notfall umgepflanzt werden.
(Bild Seite 69)

Huntleya burtii

Temperiert (13 °C)
Gewächshaushaltung
Blüte: Sommer
Immergrün
Keine Ruhepause

Heimat: Costa Rica, Brasilien
Diese Art gehört zu einer kleinen südamerikanischen Gattung ohne Pseudobulben. Die ca. 30 cm langen Blätter wachsen fächerförmig aus dem Sproß. Auf einem 15 cm hohen Schaft steht eine einzelne 6,5–7,5 cm große Blüte. Sepalen und Petalen sind etwa gleich groß und gleich gefärbt; das grünliche Weiß der Basis geht über Gelb in gelb gezeichnetes Rotbraun über. Die kleine Lippe ist ähnlich gefärbt. Die fleischigen, wachsartigen Blüten halten lange.
Haltung: *H. burtii* gilt als schwierig, aber das kann zwei verschiedene Ursachen haben: Erstens wird sie oft zu warm und zu feucht gehalten, so daß sie fault; zweitens werden die Neutriebe, die am Schaft entstehen, oft irrtümlich abgenommen und eingepflanzt. Es ist besser, wenn sich die Pflanze zu einem Büschel auswächst und die Wurzeln der Neutriebe sich zu Luftwurzeln entwickeln.
(Bild Seite 70)

Laelia anceps

Kalt (10°C)
Zimmer- und Gewächshaushaltung
Blüte: Herbst
Immergrün
Trockene Winterruhe

Heimat: Mexiko
Die bei vielen Züchtern beliebte Gattung *Laelia* ist mit rund 75 Arten von Mexiko bis Brasilien verbreitet. Pflanze und Blüte sind ähnlich wie bei *Cattleya*, mit der viele Zweigattungshybriden gezüchtet worden sind. Der aufrechte, endständige Blütenstand wird 60 cm hoch oder höher und trägt 2–5 ca. 10 cm große Blüten in Rosa bis Violett. Die Lippe ist dunkler getönt.
Haltung: Diese Art eignet sich ausgezeichnet für Anfänger. Sie läßt sich leicht im Kalthaus oder im Zimmer pflegen, verlangt jedoch einen hellen Standort. Sie kann auch auf einem Baumstück oder auf Korkrinde gehalten werden und entwickelt dann ein ausgedehntes Luftwurzelsystem.
Die Vermehrung ist einfach: Man nimmt die alten Knollen ab und pflanzt sie einzeln ein.
(Bild Seite 70)

Laelia cinnabarina

Temperiert (13°C)
Gewächshaushaltung
Blüte: Winter – Frühjahr
Immergrün
Halbtrockene Ruhepause

Heimat: Brasilien
L. cinnabarina hat dünne Pseudobulben, die – ebenso wie das Blatt – dunkler sind als bei den meisten anderen *Laelia*-Arten. Im Winter und Frühjahr trägt der 23 cm hohe Schaft 5–12 sternförmige, orangerote, 5 cm große Blüten. Infolge von Einfuhrschwierigkeiten wird diese Art jetzt selten kultiviert.
Haltung: Diese Orchidee gehört ins temperierte Haus und verträgt weder Kälte noch Nässe. Wenn sie längere Zeit trocken bleibt, schrumpfen die schlanken Pseudobulben rasch. Die Pflanze darf im Winter nur teilweise ruhen; man muß so viel Wasser geben, daß die Knollen wohlgenährt bleiben. Wir lassen die Orchidee in einem möglichst kleinen Topf zu einer großen Pflanze heranwachsen und vermehren sie durch Teilung, wenn sie groß genug ist.
(Bild Seite 70)

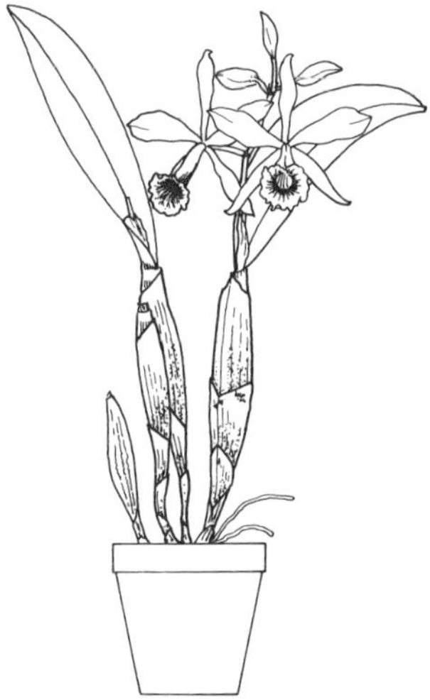

Laelia gouldiana

Kalt – temperiert (10–13°C)
Zimmer- und Gewächshaushaltung
Blüte: Frühwinter
Immergrün
Trockene Winterruhe

Heimat: Mexiko
Eine der beliebtesten epiphytischen Laelias. Die keulenförmigen Pseudobulben tragen meist zwei steife, dunkelgrüne, spitz zulaufende Blätter. Der endständige Schaft entspringt im Herbst aus der erst teilweise ausgebildeten Bulbe. Er wird 45 cm hoch und trägt in der ersten Winterhälfte 3–5 farbenprächtige, 7,5 cm große satt rosa-violette Blüten, die denen von *Cattleya* ähnlich sind und mehrere Wochen lang halten.
Haltung: Diese Orchidee eignet sich für den wärmsten Teil des Kalthauses. Sie fühlt sich aber auch im temperierten Zimmer an einem hellen Platz wohl. Licht ist für den Blüherfolg sehr wichtig! Am besten läßt man sie zu einer großen Pflanze heranwachsen; wenn sie ständig geteilt wird, läßt sie manchmal eine Blütezeit aus. Das Wachstum beginnt oft erst spät im Frühjahr.
(Bild Seite 71)

Laelia purpurata

Temperiert (13°C)
Blüte: Sommer
Immergrün
Trockene Winterruhe

Heimat: Brasilien
Die Nationalblume Brasiliens verdient diese Ehre. Die spindelförmigen Pseudobulben werden ca. 45–60 cm hoch und tragen ein dickes Blatt. Auf einem kurzen Blütenstiel sitzen 2–6 etwa 13–18 cm große Blüten. Die Farbe variiert bei den schmalen Sepalen und Petalen von Weiß bis Blaßviolett. Die gekräuselte Lippe ist weiß und zum Schlund hin tiefpurpurfarben gefleckt.
Haltung: *L. purpurata* braucht mäßiges Licht. Wichtig ist ein gut durchlässiger Pflanzstoff (keine *Laelia*-Art gedeiht, wenn der Wurzelbereich zu naß ist). Braucht eine ausgesprochene Ruhepause, während der sie wenig oder kein Wasser bekommt.

Laeliocattleya Chitchat 'Tangerine'

Temperiert (13 °C)
Gewächshaushaltung
Blüte: Sommer
Immergrün
Kurze Ruhepause

Diese Hybride aus *Cattleya aurantiaca* × *Laelia* Coronet hat schlanke Pseudobulben und trägt im Sommer Trauben von zarten, 5 cm großen orangegelben Blüten.
Die Zweigattungs-*Cattleya*-Hybriden sind sehr verschiedenartig. Diese Hybride vertritt den Typus mit schlichteren, weniger auffälligen, aber herrlich gefärbten Blüten. Da ein Elter eine natürliche Art ist, ähnelt sie dieser sehr.
Haltung: Diese Hybride gehört ins temperierte Haus. Sie gedeiht unter den gleichen Bedingungen wie andere Mehrgattungs-*Cattleya*-Hybriden, begnügt sich aber meist mit einer kürzeren Ruhezeit. Die Pseudobulben sind schlanker und schrumpfen daher schneller, wenn lange nicht gegossen wird. Im Sommer ist leichtes Übersprühen mit weichem, lauwarmem Wasser erwünscht. Umgetopft wird im Frühjahr, wenn die Blüten knospen.
(Bild Seite 72)

Lycaste aromatica

Kühl – temperiert (10–13 °C)
Gewächshaushaltung
Blüte: Winter – Frühjahr
Laubabwerfend
Trockene Winterruhe

Heimat: Mexiko
Die Gattung *Lycaste* besitzt 30–40 teils terrestrische, teils epiphytische Arten, von denen viele im Winter die Blätter verlieren. Bei *L. aromatica* erscheinen die stark duftenden, 5 cm breiten, gelben Blüten oft gleichzeitig mit den Neutrieben. Sie stehen einzeln auf ca. 15 cm langen Stielen. Jede Pseudobulbe trägt bis zu 10 Blüten.
Haltung: Die Pflanze benötigt während des Wachstums Wärme und Feuchtigkeit. Es darf jedoch kein Wasser auf die großen, breiten Blätter kommen, und Blütezeit muß die Pflanze kühler und trockener aufgestellt werden. Vermehrt wird durch Abnehmen der älteren Pseudobulben, die nicht zu lange an der Pflanze bleiben dürfen. Es ist besser, die Größe der Pflanze auf 5–6 Bulben zu beschränken. Wenn die Pflanzen kleiner werden, alle Bulben bis auf 3–4 abnehmen.
(Bild Seite 73)

Lycaste cruenta

Kalt – temperiert (10–13°C)
Gewächshaushaltung
Blüte: Winter – Frühjahr
Laubabwerfend
Trockene Winterruhe

Heimat: Mittelamerika
Eine schöne, duftende Art. Die 6–10 großen Blüten, die zu den größten unter den kultivierten Arten gehören, sind wunderschön gefärbt. Die Sepalen sind gelbgrün, die kleineren Petalen und die Lippe satt goldgelb; im Schlund ist ein dunkelroter Fleck eben noch zu sehen. Wie bei allen *Lycaste*-Arten sind die Sepalen länger und weiter geöffnet als die Petalen, die häufig teilweise geschlossen bleiben. Die Blätter können sehr groß und breit werden. Sie werden im Spätherbst rasch gelb und fallen von selbst ab.
Haltung: Alle *Lycaste*-Arten benötigen in der Wachstumszeit Wärme und Feuchtigkeit. In der Blütezeit und in der Ruheperiode müssen die Pflanzen kühler und trockener gehalten werden. Sie brauchen möglichst viel Licht, pralle Sonne verbrennt jedoch die Blätter. Wenn auf den Blättern Wasser stehenbeibt, werden sie braunfleckig.
(Bild Seite 73)

Lycaste deppei

Kalt – temperiert (10–13°C)
Gewächshaushaltung
Blüte: Winter – Frühjahr
Laubabwerfend
Trockene Winterruhe

Heimat: Mexiko, Guatemala
Diese Art trägt weniger Blüten als *L. aromatica*. Die Blüten werden jedoch größer (bis 11,5 cm breit) und halten länger. Die Sepalen sind mittelgrün mit rötlichbraunen Flecken, die kleineren Petalen sind reinweiß. Die Lippe ist rötlichbraun gesprenkelt.
Haltung: Diese Orchidee benötigt recht viel Platz. Da sie sehr rasch wächst, braucht sie während des Wachstums Wärme, reichlich Wasser und Dünger. Beim Umtopfen, das am besten alljährlich geschieht, kann man dem Pflanzstoff etwas alten, trockenen Kuhmist zusetzen. Wegen der langen trockenen Ruhepause ist frischer Pflanzstoff lebenswichtig. Die Blätter, die sehr groß werden können, müssen stets trocken bleiben; sie bekommen leicht häßliche schwarze oder braune Wasserflecken. Im Winter braucht *L. deppei* einen kühleren Standort mit hellem Licht.
(Bild Seite 74)

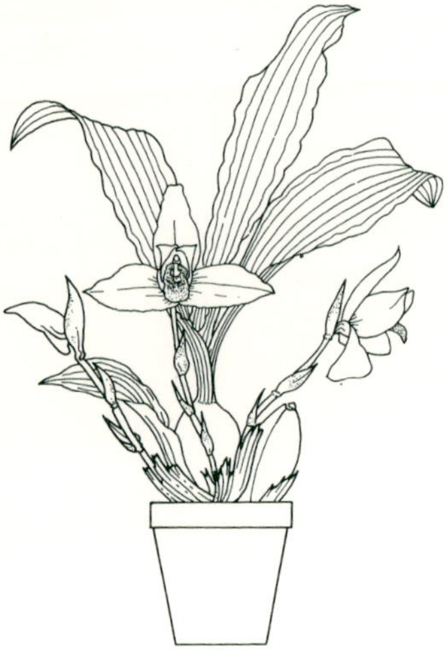

Lycaste virginalis

Kalt – temperiert (10–13°C)
Zimmer- und Gewächshaushaltung
Blüte: Winter – Frühjahr
Laubabwerfend
Trockene Winterruhe

Heimat: Guatemala, Mexiko, Honduras
Die Nationalblume Guatemalas heißt auch *L. skinneri.* Die Blüten sind noch größer als bei *L. deppei* (bis 15 cm breit). Es gibt viele wunderschöne Farbvarianten. Die Skala reicht von Reinweiß (selten) bis Dunkelrosa. Die Lippe ist oft karminrot gefleckt.
Haltung: Diese Art ist ideal für Anfänger, denn sie läßt sich auch im Zimmer halten. Die Pflanze möchte es nie zu naß haben und muß im Winter völlig trocken stehen. Die Blüten sind leicht verletzlich und bekommen bei hoher Luftfeuchtigkeit rasch Flecken. Die Pflanze behält meist die Blätter der letzten Saison den Winter über und wirft sie erst im Frühjahr ab, sobald das neue Wachstum einsetzt. Vermehrung durch Abnehmen der alten Pseudobulben (am besten etwa sechs Knollen belassen).
(Bild Seite 75)

Maclellanara Pagan Lovesong

Kalt – temperiert (10–13°C)
Zimmer- und Gewächshaushaltung
Keine feste Blütezeit
Immergrün
Keine Ruhepause

Eine der neuesten und eindrucksvollsten künstlichen Mehrgattungshybriden wurde in den USA aus *Odontocidium* Tiger Butter × *Brassia verrucosa* gezüchtet; an der Abstammung sind also drei Gattungen beteiligt – *Odontoglossum, Oncidium* und *Brassia*. Die Pflanze ähnelt einem großen *Odontoglossum*. Die Blütenschäfte können über 90 cm hoch werden und tragen bis zu 12 etwa 10 cm große Blüten. Sepalen und Petalen sind gleich groß, gelbgrün mit einigen großen dunkelbraunen Flecken. Die hübsche weiße Lippe ist ähnlich gefleckt.
Haltung: Die kräftige Pflanze gedeiht an kühlen temperierten Standorten. Da diese Pflanzen das ganze Jahr hindurch wachsen, müssen sie stets reichlich gegossen und gedüngt werden. Der Standort sollte möglichst hell, jedoch vor praller Sonne geschützt sein.
(Bild Seite 74)

Masdevallia coccinea

Kalt (10 °C)
Gewächshaushaltung
Blüte: Winter – Frühjahr
Immergrün
Keine Ruhepause

Heimat: Kolumbien
Die über 300 Arten dieser faszinierenden Gattung wachsen vorwiegend in den Hochlagen von Mexiko bis Peru und Brasilien. Sie zeichnen sich durch einheitlichen Wuchs, das Fehlen von Pseudobulben und höchst unterschiedlich gestaltete und gefärbte Blüten aus. Im Gegensatz zu vielen anderen Orchideen sind die Sepalen im Vergleich zu den anderen Teilen der Blüte sehr groß. Die fleischigen Blätter entspringen unmittelbar aus dem kriechenden Rhizom. Diese terrestrische Art hat 30 cm lange Blätter. Die Blütenschäfte sind oft noch viel länger. Sie tragen eine einzige, 7,5–10 cm große Blüte mit spitz zulaufenden Sepalen. Die Farbe variiert von Lila bis Dunkelkarminrot.
Haltung: Das Kalthaus mit viel Schatten und frischer Luft im Sommer ist der ideale Standort. Da die Gattung keine Pseudobulbe hat, darf die Pflanze nie trocken werden.
(Bild Seite 76)

Masdevallia tovarensis

Kalt (10 °C)
Gewächshaushaltung
Blüte: Herbst
Immergrün
Keine Ruhepause

Heimat: Kolumbien
Die glänzend dunkelgrünen Blätter dieser Art stehen einzeln auf kurzen Stielen. An ihrem Grunde entsprießen die langen Blütenstengel mit je 2–4 Blüten. Nach dem Abblühen bleibt der Schaft grün und blüht im nächsten Jahr wieder, was bei Orchideen ungewöhnlich ist. Die duftenden Blüten sind zart puderig weiß. Sie bestehen fast nur aus den verlängerten und in Schwänze auslaufenden Sepalen.
Haltung: Diese Art verlangt einen kühlen, luftigen Standort und muß stets eben feucht gehalten werden. Sie kümmert rasch, wenn sie zu naß oder zu kalt wird. Ein gut durchlässiger Pflanzstoff und regelmäßiges Umtopfen sind lebenswichtig. In jeder Wachstumsperiode entstehen mehrere Neutriebe, so daß sich in verhältnismäßig kurzer Zeit eine große Pflanze entwickelt. Wenn die Pflanze groß genug ist, kann sie durch Teilung vermehrt werden.
(Bild Seite 75)

Maxillaria picta

Kalt (10°C)
Zimmer- und Gewächshaushaltung
Blüte: Winter
Immergrün
Trockene Winterruhe

Heimat: Brasilien
Es gibt etwa 300 *Maxillaria*-Arten, die fast alle epiphytisch wachsen. *M. picta* besitzt rundliche Pseudobulben, die je zwei lange, schmale Blätter tragen. Im Mittwinter erscheinen zahlreiche 5 cm große, angenehm duftende Blüten, die einzeln auf kurzen Schäften stehen. Sepalen und Petalen sind innen gelb, außen weißlich mit durchscheinenden rotbraunen Flecken. Die rahmweiße Lippe ist rot getupft.
Haltung: *M. picta* kann im Kalthaus oder im Zimmer gepflegt werden. Sie muß im Sommer feucht gehalten und leicht gedüngt werden. Nach Abschluß des Wachstums braucht die Pflanze eine ausgesprochene Ruhezeit bei hellem Licht. Die Blütenschäfte, die zugleich mit den Neutrieben erscheinen, sind runder und stärker. In einer Saison können sich mehrere Neutriebe bilden. Wenn die Pflanze groß genug ist, wird sie durch Teilung vermehrt.
(Bild Seite 76)

Maxillaria porphyrostele

Kalt – temperiert (10–13°C)
Gewächshaushaltung
Blüte: Winter – Frühjahr
Immergrün
Keine strenge Ruhepause

Heimat: Tropisches Amerika
Aus einem waagerechten Rhizom entwickeln sich Büschel von Pseudobulben mit breiten Blättern. Jede kann einige kurze Schäfte mit je einer 4 cm großen gelben Blüte hervorbringen. Die Spitzen der Sepalen und Petalen sind nach innen gebogen. Die Blüten erscheinen im Winter bis zum Frühjahr und halten lange.
Haltung: Diese Art ist sehr leicht unterzubringen. Sie wächst zu einem Prachtstück heran, ohne zuviel Platz zu beanspruchen. Am besten hält man sie in einem Draht- oder Lattenkorb, da sie in kurzer Zeit nicht nur die Oberfläche des Gefäßes bedeckt, sondern noch über die Seiten hinauswächst. Sie braucht helles Licht und sollte im Sommer mit lauwarmem, weichem Wasser übersprüht werden.

Maxillaria tenuifolia

Kalt (10 °C)
Gewächshaushaltung
Blüte: Sommer
Immergrün
Halbtrockene Ruhepause

Heimat: Tropisches Amerika
Bei dieser Art stehen an einem kriechenden, nach oben wachsenden Rhizom im Abstand von 2,5–5 cm kleine, ovale Pseudobulben. Die Pflanze entwickelt nur wenige neue Wurzeln – gewöhnlich aus den älteren Bulben am Grunde. Die wenigen Blüten, die sich auf ganz kurzen Stielen um die Bulben drängen, fallen durch ihre leuchtenden Farben ins Auge. Die 2,5 cm großen Blüten riechen stark nach Kokosnuß. Sie sind dunkel- bis hellrot gefärbt. Die gelbe Lippe ist rot gefleckt.
Haltung: Die Pflanze wächst wegen ihres kriechenden Habitus schnell aus einem Topf heraus und sollte daher besser auf einem Baumstück gehalten werden. Bei der Haltung im Topf ist ein gut durchlässiges Pflanzsubstrat notwendig, da die Pflanze an den Wurzeln nicht zuviel Feuchtigkeit verträgt. Am besten gedeiht *M. tenuifolia* in hellem Licht.
(Bild Seite 77)

Miltonia clowesii

Temperiert (13 °C)
Zimmer- und Gewächshaushaltung
Blüte: Meist Herbst
Immergrün
Keine Ruhepause

Heimat: Brasilien
Von der Gattung *Miltonia* kennt man über 20 Arten. Der Blütenschaft entspringt stets am Grunde der Pseudobulbe. Die meisten Arten blühen das ganze Jahr hindurch, oft mehr als einmal, und tragen süß duftende Blüten. Man kann sie grob in zwei natürliche Gruppen einteilen: Zur ersten gehören Pflanzen mit gelblichgrünem Laub und flachen Pseudobulben, die in Abständen an einem kriechenden Rhizom sitzen. Die zweite Gruppe besitzt ovale Pseudobulben und silbergrünes Blattwerk. *M. clowesii* gehört zur ersten Gruppe. Ihre gelblichgrünen Blätter werden ca. 50 cm hoch. Der bis 60 cm hohe Blütenstiel trägt 6–10 etwa 5 cm große Blüten. Sepalen und Petalen sind gleich groß, rötlichbraun mit gelben Querstreifen. Die Lippe ist weiß mit einem violetten Fleck.
Haltung: Die Pflanze benötigt einen temperierten, hellen, feuchten Standort. Wenn die Pflanze groß genug ist, wird sie durch Teilung vermehrt.
(Bild Seite 78)

Miltonia Peach Blossom

Temperiert (13°C)
Zimmer- und Gewächshaushaltung
Keine feste Blütezeit
Immergrün
Keine Ruhepause

Eine typische *Miltonia*-Hybride aus den weichblättrigen kolumbianischen Arten. Es gibt sie in vielen verschiedenen Farben – Weiß, Gelb, Rosa, Rot. Peach Blossom ist eine der beliebtesten Varietäten, mit großen violetten, weißgesäumten Blüten.
Haltung: Diese und ähnliche Hybriden gehören ins temperierte Haus oder ins warme Zimmer. Da sie weder Kälte noch große Feuchtigkeit vertragen, sind sie geradezu ideal für die trokkene Zimmerluft. Sie brauchen ständig Wasser und dürfen nie völlig austrocknen. Das Laub darf nicht übersprüht werden. Der Dünger muß beim Gießen in den Topf gegeben werden; eine schwache Gabe alle drei Wochen im Frühjahr und Sommer muß genügen.
Umgetopft wird, wenn sich neue Triebe zeigen, entweder im Frühjahr oder im Herbst.
(Bild Seite 77)

Miltonia roezlii

Temperiert (13°C)
Gewächshaushaltung
Blüte: Herbst
Immergrün
Keine Ruhepause

Heimat: Kolumbien
Diese äußerst hübsche Pflanze ist eine der weichblättrigen kolumbianischen Arten. Die typischen ovalen Pseudobulben sind teilweise mit weichen, silbergrünen Haaren bedeckt. Der Blütenstengel entspringt an der Innenseite des ersten oder zweiten Blattes aus der neugebildeten Bulbe und trägt 2–4 weiße Blüten. Die seitlichen Petalen sind am Grunde violett. Die Lippe hat am Schlund einen gelben Fleck. Es gibt auch eine seltene Varietät *alba*, der das Violett am Grunde der Petalen fehlt.
Haltung: Diese Art hat es gern ziemlich warm, leidet aber unter zu großer Hitze. Sie eignet sich am besten für die temperierte Abteilung des Kalthauses. Die vielen prachtvollen Hybriden, die aus dieser Art gezüchtet worden sind, sind anspruchslos und für Anfänger geeignet.
(Bild Seite 79)

Miltonia spectabilis

Temperiert (13°C)
Zimmer- und Gewächshaushaltung
Blüte: Meist Herbst
Immergrün
Keine Ruhepause

Heimat: Brasilien
Diese Art ähnelt *M. clowesii.* Ihr Blütenstengel wird jedoch nur 25 cm hoch und trägt weniger, dafür etwas größere Blüten. Diese sind weiß oder rosigweiß mit breiter, flacher, violetter Lippe. Häufiger als die Nominatform sieht man heute die Varietät moreliana. Sie ist dunkel purpurrot mit etwas hellerer Lippe.
Haltung: *M. spectabilis* hat einen unordentlichen Wuchs und wuchert rasch über den Rand des Topfes. Sie entwickelt sich zu einem Prachtstück, wenn sie auf einem flachen Baumstück ungehindert wachsen kann. Sie liebt helles Licht. Es ist natürlich, wenn die ganze Pflanze gelblich wird. Vermehrt wird diese Orchidee durch Abnehmen der alten Bulben.
(Bild Seite 78)

Odontioda Dalmar 'Lyoth Bachus' (FCC/RHS)

Kalt (10°C)
Gewächshaushaltung
Keine feste Blütezeit
Immergrün
Keine Ruhepause

Diese prachtvolle Pflanze veranschaulicht den Höhepunkt der Kreuzung zweier Zuchtlinien, der farbenprächtigen Odontiodas und der schönen großen *Odontoglossum*-Hybriden. Sie hat wunderschöne, 10 cm große, dunkelrote, blaßlila gesäumte Blüten. Der *Odontioda*-Elter ist Margia, bei der sich der Einfluß von *Cochlioda noezliana* zeigt, während Mandalum, der *Odontoglossum*-Elter, unmittelbar von *O. crispum* abstammt.
Haltung: Diese Hybride braucht einen kühlen, hellen Standort. Sie läßt sich nicht gut teilen oder vermehren. Man läßt sie besser möglichst groß werden. Die Zahl der blattlosen Pseudobulben darf die der belaubten nicht übersteigen. Regelmäßiges Umtopfen ist lebenswichtig, damit der Pflanzstoff frisch bleibt.
(Bild Seite 79)

Odontocidium Tigersun 'Nutmeg'

Kalt – temperiert (10–13 °C)
Gewächshaushaltung
Keine feste Blütezeit
Immergrün
Keine Ruhepause

In den letzten Jahren sind *Oncidium*-Arten immer häufiger zur Kreuzung mit *Odontoglossum* verwendet worden, und es gibt immer mehr Hybriden. Abgesehen davon, daß sich daraus verschiedene Typen von Blüten und Farben ergeben, sind die meisten Odontocidien widerstandsfähiger als reine *Odontoglossum*-Arten, was für Züchter in warmen Regionen oder für die Pflege gemischter Sammlungen sehr wichtig ist. *Odontocidium* Tigersun ist eine Kreuzung von *Oncidium tigrinum,* einer beliebten, duftenden Art aus Mexiko, mit Odontoglossum Sunmar. Sie trägt 9 cm große, gelbe Blüten von guter Qualität.
Haltung: Wie andere Mehrgattungs-*Odontoglossum*-Hybriden hat diese Hybride keine bestimmte Ruhezeit. Sie muß das ganze Jahr gegossen werden, wenn auch im Winter weniger. Während der Blütezeit, die 6–8 Wochen dauern kann, wächst die Pflanze nicht.
(Bild Seite 97)

Odontoglossum bictoniense

Kalt (10 °C)
Zimmer- und Gewächshaushaltung
Blüte: Sommer
Immergrün
Keine strenge Ruhepause

Heimat: Guatemala
Diese sehr variable Art wächst sehr gut und entwickelt sich schnell zu einem Prachtstück. Am Ende des Sommers erscheinen aufrechte Blütenstände, die bei warmem Wetter schnell bis 1,20 m hoch werden und je 20 langlebige Blüten tragen. Diese öffnen sich nacheinander, so daß gewöhnlich mehrere Wochen lang 8–9 Blüten gleichzeitig offen sind. Sie sind 3–4 cm groß und gelblichgrün mit braunen Flecken. Die Lippe ist abstechend weiß oder rosa.
Haltung: Diese Art kann mit Erfolg im Zimmer gepflegt werden. Sie verlangt einen kühlen Standort mit Halbschatten. Sie benötigt im Winter keine strenge Ruhepause, das Gießen muß nach dem Abblühen jedoch eingeschränkt werden, bis sich im Frühjahr neue Triebe zeigen. *O. bictoniense* läßt sich leicht aus den blattlosen Pseudobulben vermehren.
(Bild Seite 97)

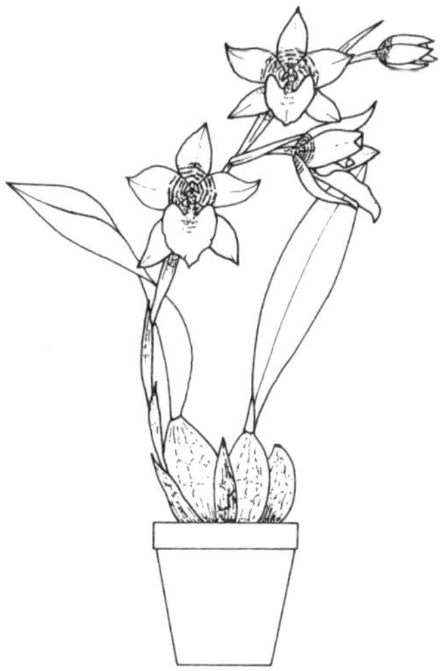

Odontoglossum cervantesii

Kalt (10°C)
Gewächshaushaltung
Blüte: Winter–Frühjahr
Immergrün
Kurze Ruhepause

Heimat: Mexiko
Diese kleinwüchsige, epiphytische Art wird einschließlich Topf, Bulben und Blättern nur 15 cm hoch. Die überhängenden Blütenstände entspringen aus den Neutrieben, wenn diese beginnen, Pseudobulben zu bilden. Die im Winter und zeitigen Frühjahr erscheinenden Blüten sind verhältnismäßig groß (ca. 4–5 cm), fast rund und wunderschön weiß. Sepalen und Petalen tragen im oberen Teil abstechend kastanienbraune Ringe.
Haltung: *O. cervantesii* ist eine Kalthausorchidee. Da sie sehr feine Wurzeln hat, darf sie in der Wachstumszeit nicht austrocknen. Sie gedeiht in einem feinen, aber gut durchlässigen Pflanzstoff. Im Winter muß das Gießen eingeschränkt werden; ein leichtes Einschrumpfen der Knollen zu dieser Zeit ist normal. Die Pflanze braucht im Sommer Halbschatten.
(Bild Seite 80)

Odontoglossum crispum

Kalt (10°C)
Gewächshaushaltung
Keine feste Blütezeit
Immergrün
Kurze Ruhepause

Heimat: Kolumbien
Diese Art hat bis 10 cm große Blüten, die kräftig oder wenig gezeichnet sind. Der Blütenstand entwickelt sich aus der Seite der neuen, in der Bildung begriffenen Bulbe. Da es in ihrer Heimat keine festumrissenen Jahreszeiten gibt und das Wachstum jederzeit einsetzen kann, können die Blüten sich praktisch zu jeder Jahreszeit öffnen, meist jedoch wohl im Frühjahr oder im Herbst.
Seit vielen Jahren sind ausgewählte Varietäten gezüchtet worden, so daß *O. crispum* Liebhabern zur Verfügung steht, ohne daß man auf den gefährdeten Bestand an Wildpflanzen zurückgreifen muß.
Haltung: Diese Art benötigt zum guten Gedeihen einen kühlen, feuchten Standort mit Halb- oder Vollschatten. Das Pflanzsubstrat sollte mittelfein sein.
(Bild Seite 97)

Odontoglossum Gold Cup 'Lemon Drop'

Kalt (10 °C)
Gewächshaushaltung
Blüte: Herbst
Immergrün
Keine Ruhepause

Diese Hybride aus *O.* Chamois Snowcrest × *O.* Crowbrough Sunrise ist ein gutes Beispiel für die Züchtung gelber *Odontoglossum*-Varietäten. Die 6 cm großen Blüten sind leuchtend kanariengelb mit ein paar goldbraunen Flecken auf der Lippe.

Haltung: Die Pflanze verträgt als reine *Odontoglossum*-Hybride keine wechselnden Umweltverhältnisse. Sie benötigt einen kühlen, hellen, luftigen Standort und muß im Sommer gut schattiert werden. Sehr wichtig ist ein lockerer, gut durchlässiger Pflanzstoff. Die Pflanze muß das ganze Jahr gegossen werden. Sie darf nie ganz austrocknen.
(Bild Seite 99)

Odontoglossum grande

Kalt (10 °C)
Zimmer- und Gewächshaushaltung
Blüte: Herbst
Immergrün
Trockene Winterruhe

Heimat: Guatemala
Diese Art ist weithin als „Tigerorchidee" bekannt. Sie hat harte, dunkle Blätter und sehr zähe Pseudobulben. Wenn der Neutrieb gegen Ende des Sommers mit der Bildung einer Pseudobulbe beginnt, entwickelt sich der Blütenstand; er trägt bis zu 10 Blüten, die sich meist im Herbst öffnen. Die sehr großen, bis 15 cm breiten Blüten sind gelb mit leuchtend kastanienbraunen Abzeichen.

Haltung: *O. grande* braucht leichten Schatten und als Pflanzstoff mittelstarke Rinde. Sie verlangt während des Wachstums viel Feuchtigkeit im Wurzelbereich. Zu hohe Luftfeuchtigkeit kann jedoch häßliche schwarze Flecken auf den Blättern verursachen. Nach dem Abblühen, wenn die Pseudobulben ausgereift sind, muß die Pflanze ruhen und darf kein Wasser bekommen, bis im Frühjahr neue Triebe erscheinen. Im Winter benötigt die Pflanze helles Licht.
(Bild Seite 98)

Oben: *Odontoglossum crispum*, eine pflegeleichte Kalthausart. Sie trägt zu verschiedenen Jahreszeiten lange haltende Blüten. Siehe Seite 95

Unten: *Odontocidium* Tigersun 'Nutmeg' eignet sich sowohl für das Kalthaus als auch für die Haltung im Zimmer. Siehe Seite 94

Unten: *Odontoglossum bictoniense*, ebenfalls eine pflegeleichte Kalthausart mit hohen, aufrechten Blütenständen. Siehe Seite 94

Links: *Odontoglossum rossii* ist eine kleinwüchsige Kalthausart, die im Winter wunderschöne langlebige Blüten trägt. Siehe Seite 113

Links unten: *Odontoglossum grande,* die bekannte „Tigerorchidee", läßt sich auch gut im Zimmer halten. Siehe Seite 96

Rechts: *Odontoglossum pulchellum* trägt im Frühjahr weiß-gelbe, wachsartige, duftende kleine Blüten. Siehe Seite 113

Unten: *Odontoglossum* Gold Cup 'Lemon Drop' blüht meist den ganzen Herbst über. Siehe Seite 96

Oben: *Oncidium ornithorhynchum* trägt im Herbst verzweigte Rispen mit duftenden, altrosafarbenen Blüten. Siehe Seite 115

Unten: *Paphiopedilum callosum,* ein im Frühjahr und Sommer blühender Venusschuh, der sich gut für das temperierte Haus eignet. Siehe Seite 117

Oben: *Oncidium papilio,* die berühmte Schmetterlingsorchidee, blüht zu verschiedenen Zeiten. Die bis 13 cm großen Blüten erscheinen nacheinander einzeln auf einem hohen, schlanken Blütenstiel. Siehe Seite 116

Oben: *Paphiopedilum hirsutissimum*, diese Kalthausart trägt viele Blätter und im Frühsommer eine einzige große, langlebige Blüte. Siehe Seite 119

Rechts oben: *Paphiopedilum insigne*, eine beliebte, pflegeleichte Art für das Kalthaus oder Zimmer. Jeder Blütenstiel trägt vom Herbst bis zum Frühjahr eine oder zwei langlebige Blüten. Siehe Seite 120

Rechts: *Paphiopedilum rothschildianum,* eine seltene, aufregende Art aus dem temperierten Bereich mit aufrechten Blütenständen. Sie blüht im Sommer und im Herbst. Siehe Seite 122

Links: *Paphiopedilum delenatii,* eine attraktive Art des temperierten bis warmen Bereichs von gedrungenem Wuchs. Sie trägt im Sommer duftende Blüten. Siehe Seite 118

Rechts: *Paphiopedilum* Honey Gorse 'Sunshine'. Jeder Stiel dieser Hybride des temperierten Bereichs trägt im Winter eine einzige große Blüte. Siehe Seite 119

Unten: *Paphiopedilum* Maudiae gedeiht im temperierten Haus und trägt zu verschiedenen Jahreszeiten eine anmutige Blüte auf einem schlanken Stiel. Siehe Seite 120

Oben: *Paphiopedilum parishii* wird recht groß, benötigt also entsprechend viel Platz. Diese Art ist leicht im temperierten Gewächshaus zu halten. Siehe Seite 121

Links: *Paphiopedilum* Miller's Daughter 'Snow Maiden', eine wunderschöne weißblütige Varietät. Sie trägt im Winter eine oder zwei erlesene Blüten. Siehe Seite 121

Unten: *Paphiopedilum* Royale 'Downland', eine hervorragende rotblütige Varietät für das temperierte Haus. Sie erblüht im Winter. Siehe Seite 122

Oben: *Paphiopedilum venustum* gedeiht an einem schattigen, luftigen Platz im temperierten Haus. Sie blüht im Frühjahr. Siehe Seite 123

Unten: *Phalaenopsis* Barbara Moler, eine Warmhaushybride, die jedoch auch in der Zimmervitrine gut wächst. Siehe Seite 124

Oben: *Paphiopedilum spiceranum* war früher sehr beliebt, ist jetzt jedoch selten. Sie gedeiht im kalten bis temperierten Haus, benötigt jedoch viel Pflege. Siehe Seite 123

Oben: *Phalaenopsis* Hennessy wird im Warmhaus gehalten. Die Blütentrauben erscheinen zu verschiedenen Jahreszeiten. Siehe Seite 125

Links: *Phalaenopsis lueddemanniana,* eine reichblühende Art, die gut im Warmhaus gedeiht. Im Frühjahr und Sommer erscheinen nacheinander wunderschön gezeichnete Blüten. Ist viel zu Kreuzungen verwendet worden. Siehe Seite 125

Rechts: *Phalaenopsis equestris,* eine kleinwüchsige Art für das Warmhaus oder die Zimmervitrine. Sie blüht sehr reich. Siehe Seite 124

Oben: *Phalaenopsis schilleriana* hat hübsch geflecktes Laub und trägt im Frühjahr lange, hängende Trauben mit sattrosa Blüten. Sie kann im Topf gehalten werden oder im Hängekorb, in dem sie lange Luftwurzeln ausbildet. Siehe Seite 126

Odontoglossum pulchellum

Kalt (10 °C)
Gewächshaushaltung
Blüte: Frühjahr
Immergrün
Kurze Ruhepause

Heimat: Guatemala
Diese kräftige, äußerst beliebte Art trägt im Frühjahr wachsartige, weiße Blüten. Sie sind klein (1–2 cm), aber sehr zahlreich und haben einen wunderschönen Duft. Diese Art ist einzigartig in ihrer Gattung, weil bei ihren Blüten die Lippe oben ist. Da aus jeder Pseudobulbe mehrere Sprosse entspringen, läßt sie sich ideal zu einem Prachtstück heranziehen.
Haltung: Diese Orchidee benötigt einen kühlen Standort. Als Pflanzsubstrat eignet sich eine feine Rindenmischung am besten. Im Sommer muß die Pflanze gut schattiert werden. Wenn die schlanken Blütenschäfte aufrecht stehen sollen, müssen sie lose an dünne Bambusstäbe gebunden werden; dann erheben sich die Blüten hoch über das Laub. Wenn sie nicht gestützt werden, hängen sie leicht herab, wenn sie voll erblüht sind.
O. pulchellum läßt sich leicht durch Abnehmen der alten Bulben vermehren.
(Bild Seite 99)

Odontoglossum rossii

Kalt (10 °C)
Gewächshaushaltung
Blüte: Winter
Immergrün
Kurze Ruhepause

Heimat: Guatemala, Mexiko
Eine der reizendsten kleinwüchsigen *Odontoglossum*-Arten. Die Blüten variieren je nach Abart zwischen 3 und 7 cm Größe. Die Petalen und die Lippe sind weißlich oder leicht rosa. Die Sepalen sind weißlich oder rosa und braun oder lila gefleckt. Der Lippenschlund leuchtet goldgelb.
Am beliebtesten ist wohl die Varietät Majus, deren Blüte bis 7,5 cm groß ist. Sie ist sehr gesucht; allerdings bekommt man sie heute selten zu sehen.
Haltung: Die Pflanze gedeiht an einem kühlen Standort in einer feinen Rindenmischung oder in Torfmoos, in dem ihre dünnen Wurzeln stets feucht bleiben, am besten. Im Sommer muß man die Orchidee halbschattig halten. Etwas weniger gießen, wenn die Pflanze im Winter kurze Zeit ruht. Die Pseudobulben dürfen aber nie schrumpfen.
(Bild Seite 98)

Odontoglossum stellatum

Kalt (10°C)
Gewächshaushaltung
Blüte: Winter
Immergrün
Keine strenge Ruhepause

Heimat: Guatemala
Diese kleinwüchsige Art trägt im Winter attraktive sternförmige, gelb-braune Blüten mit weißer oder rosa Lippe. Die Blüten sind 3–4 cm groß und stehen meist einzeln oder zu zweit. Eine alte Pflanze trägt zahlreiche Blüten.
Haltung: Da diese Orchidee in ihrer Heimat im Moos auf Ästen wächst, braucht sie als Pflanzsubstrat eine feine Rindenmischung. Im Sommer will sie im Halbschatten stehen. Zuviel Licht läßt das zartgrüne Laub gelb werden. Die Pflanze darf wegen der geringen Größe der hellgrünen Pseudobulben nie völlig austrocknen. Im Winter müssen die Wassergaben verringert, aber nicht völlig eingestellt werden. In jeder Saison entstehen mehrere neue Triebe. Wenn die Pflanze größer wird, hält man sie besser in einer flachen Schale, die dem zarten Wurzelgeflecht genügend Raum zum Ausdehnen läßt.

Oncidium flexuosum

Kalt–temperiert (10–13°C)
Blüte: Sommer
Immergrün
Kurze Ruhepause

Heimat: Brasilien
Oncidium ist mit ihren über 750 Arten eine der größten Orchideen-Gattungen. Fast alle Pflanzen wachsen epiphytisch. *O. flexuosum* wird infolge von Einfuhrbeschränkungen jetzt weniger kultiviert. Die hellgrünen Pseudobulben stehen in Abständen an einem aufwärts kriechenden Rhizom. Jede Bulbe trägt zwei glänzende hellgrüne Blätter. Die Blütenstände entstehen im Sommer. Sie werden 90 cm lang und enden in einer verzweigten, vielblütigen Traube leuchtendgelber Blüten. Eine große Pflanze trägt bis zu 100 an jedem Schaft.
Haltung: Diese Orchidee läßt sich wegen des kriechenden Wuchses besser auf einem Stück Holz oder Korkrinde unterbringen. Übersprühen ist sehr zu empfehlen. *O. flexuosum* läßt sich leicht aus alten Bulben vermehren, die oft schon zu wachsen beginnen, während sie noch an der Hauptpflanze sitzen.

Oncidium longipes

Kalt – temperiert (10–13 °C)
Gewächshaushaltung
Blüte: Sommer
Immergrün
Keine Ruhepause

Heimat: Brasilien
Diese Art gehört zu den attraktivsten kleinwüchsigen Orchideen. Am Grunde einer kleinen Pseudobulbe entspringen zahlreiche kurze Blütenstiele mit je drei bis vier 2,5 cm großen hellgelben, rötlichbraun gebänderten Blüten mit reingelber Lippe.
Haltung: Diese Art ist für ein kleines kaltes oder temperiertes Gewächshaus besonders gut geeignet. Im Sommer ist Übersprühen angebracht. *O. longipes* läßt sich leicht teilen. Wenn sie jedoch ihre volle Schönheit entwickeln soll, muß man sie zu einem Prachtstück heranwachsen lassen, am besten auf einem Stück Rinde.
Im Bedarfsfall erhält man neue Pflanzen am besten durch Teilung. Die Aufzucht aus alten Bulben ist langwierig.

Oncidium ornithorhynchum

Kalt (10 °C)
Zimmer- und Gewächshaushaltung
Blüte: Herbst
Immergrün
Keine strenge Ruhepause

Heimat: Mexiko
Eine überaus prächtige Art von gedrungenem Wuchs. Jede der hellgrünen Pseudobulben trägt mehrere dünne Blätter. Im Herbst entstehen zahlreiche dünne, überhängende, verzweigte Blütenstände. Die 2 cm großen Einzelblüten haben gekräuselte und verdrehte Sepalen und Petalen. Sie sind zart rosa-lila gefärbt mit einem gelben Kamm auf der Lippe, duften wunderbar und halten lange. Nicht selten wachsen aus einer Bulbe 2–3 Blütenstände.
Haltung: Das sehr zarte Wurzelsystem zeigt an, daß die Pflanze einen gut durchlässigen Pflanzstoff braucht. Sie verträgt weder Kälte noch Feuchtigkeit, darf daher nie übersprüht oder zu feucht gehalten werden. Sonst sagen ihr normale Kalthausbedingungen zu; sie gedeiht aber auch im Zimmer. Vermehrt wird diese Art durch Teilung und Abnehmen der alten Bulben.
(Bild Seite 100)

✿ O

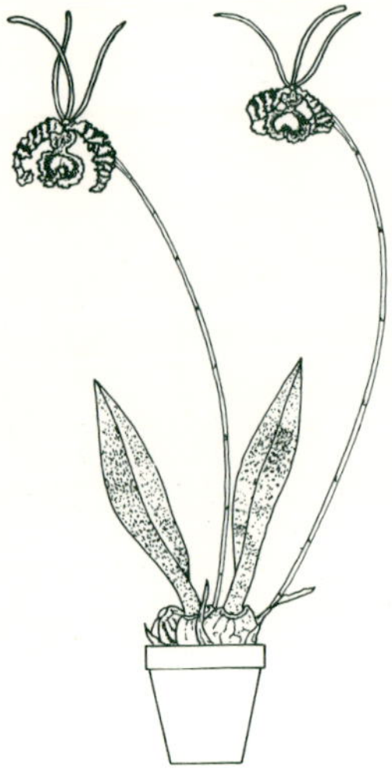

Oncidium papilio

Warm (18 °C)
Gewächshaushaltung
Keine feste Blütezeit
Immergrün
Halbtrockene Ruhepause

Heimat: Nördliches Südamerika
Diese Art wird wegen der Gestalt ihrer Blüten oft „Schmetterlingsorchidee" genannt. Die Blüten sind bis 13 cm groß und kastanienbraun und gelb gefleckt. Sie stehen auf einem langen, dünnen Blütenstiel und bewegen sich beim leisesten Lufthauch. An jedem Stengel sitzt nur eine Blüte, aber viele nacheinander, so daß die Pflanze viele Monate lang blüht. Jede der kurzen Pseudobulben trägt ein starres, rötlichgrünes Blatt.
Haltung: Diese Art hält man am besten auf einem Baumstück unter dem First des Warmhauses, damit sie viel Licht bekommt. Der Wurzelbereich darf nie zu naß werden. Sie gedeiht am besten, wenn sie etwas trockener gehalten wird und die meiste Feuchtigkeit aus der feuchten Luft des Gewächshauses beziehen kann. Die Pflanze darf nie übersprüht werden.
(Bild Seite 101)

Oncidium tigrinum

Kalt (10 °C)
Gewächshaushaltung
Blüte: Herbst
Immergrün
Trockene Ruhepause

Heimat: Mexiko
Diese Orchidee besitzt rundliche Pseudobulben, von denen jede 2–3 dunkelgrüne Blätter trägt. Bei großen Pflanzen verzweigen sich die Blütenstände. Jeder Zweig trägt ebenso wie das Ende des Blütenstengels mehrere duftende Blüten. Die Sepalen und Petalen sind gelb mit schokoladebrauner Bänderung. Die große, ausladende Lippe, die den weitaus auffälligsten Teil der Blüte bildet, ist lebhaft gelb.
Haltung: Diese Art gedeiht gut im Kalthaus, fühlt sich aber, wie viele mexikanische Arten, im temperierten Haus ebenso wohl. Sie wird immer seltener kultiviert, ist aber zur Züchtung von hervorragenden Mehrgattungshybriden innerhalb der *Odontoglossum*-Gruppe verwendet worden. Die Hybriden vertragen im allgemeinen sehr verschiedenartige Standortverhältnisse und eignen sich für die meisten Klimagebiete.

Paphiopedilum bellatulum

Warm (16–18°C)
Gewächshaushaltung
Blüte: Frühjahr
Immergrün
Keine Ruhepause

Heimat: Burma, Thailand
Man kennt etwa 70 Arten der Gattung *Paphiopedilum.* Diese faszinierenden Orchideen, die in Deutschland unter dem Namen Venus- oder Frauenschuh bekannt sind, sind zumeist Erdorchideen; nur wenige, seltene Arten leben epiphytisch. Diese Art hat breite, fleischige, hell- und dunkelgrün marmorierte Blätter. Da der Blütenstiel sehr kurz ist, kuschelt sich die wunderschöne, 6 cm große Blüte oft ins Laub. Die breiten Blütenblätter sind weiß und mehr oder weniger stark gefleckt.
Haltung: Diese Art gedeiht am besten in einem ziemlich warmen Gewächshaus oder in der Zimmervitrine bei viel Schatten. Bei der Pflege ist besondere Vorsicht geboten, um Wurzelfäule und andere Schäden als Folge zu großer Feuchtigkeit zu verhüten. Auf den Blättern darf kein Wasser stehenbleiben. Der Topf muß möglichst klein sein, die Erdmischung locker, gut durchlässig und nicht sauer.

Paphiopedilum callosum

Temperiert (13°C)
Zimmer- und Gewächshaushaltung
Blüte: Frühjahr – Sommer
Immergrün
Keine Ruhepause

Heimat: Thailand
Diese kräftige Pflanze hat bis 25 cm lange marmorierte Blätter. Der fast 40 cm hohe Blütenstengel trägt eine über 10 cm große Blüte in verschiedenen Schattierungen von Violett und Grün. Sie bleibt 8–10 Wochen makellos und ist als Schnittblume sehr beliebt.
Haltung: Diese Art wird noch einigermaßen häufig kultiviert–zweifellos, weil sie leicht durch Teilung zu vermehren ist. Man kann alle paar Jahre aus einer Pflanze 2–3 machen. Diese Art eignet sich auch zur Pflege auf dem Fensterbrett in einem warmen Zimmer. Sie darf aber nicht hellem Licht ausgesetzt sein. Die Erdmischung muß locker sein. So viel gießen, daß die Pflanze das ganze Jahr gleichmäßig feucht bleibt. Das Laub trocken halten, aber im Zimmer regelmäßig den Staub mit dem Schwamm abwaschen. Die Pflanze sollte im Frühjahr und Sommer leicht gedüngt werden.

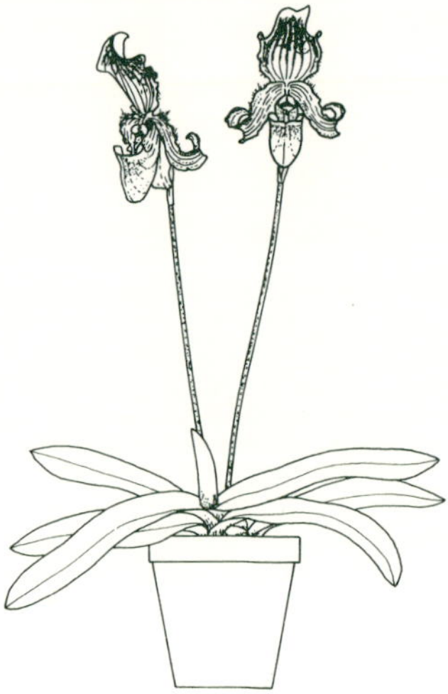

Paphiopedilum delenatii

Temperiert – warm (13–18 °C)
Gewächshaushaltung
Blüte: Sommer
Immergrün
Keine Ruhepause

Heimat: Vietnam
Diese erst vor ziemlich kurzer Zeit aus Vietnam eingeführte Art ist wegen ihres eleganten Habitus und ihrer aparten, höchst attraktiven Blüten mit Recht beliebt geworden. Sie ist eine der wenigen duftenden Venusschuharten. Die Blätter sind tief dunkelgrün und kräftig marmoriert. Im Sommer erscheinen auf einem 20 cm langen Blütenstiel 7,5 cm breite, zart rosigviolette Blüten.
Haltung: Die Orchidee muß in einem möglichst kleinen Topf gehalten werden und gerade so viel Wasser bekommen, daß sie feucht bleibt. Sie verträgt weder Kälte noch Nässe. Es sind einige reizende Hybriden gezüchtet worden, die sich als kräftiger und pflegeleichter erweisen und damit als für Neulinge besser geeignet.
(Bild Seite 104)

Paphiopedilum fairieanum

Kalt (10 °C)
Gewächshaushaltung
Blüte: Frühjahr
Immergrün
Keine Ruhepause

Heimat: Nordostindien
Diese sehr attraktive Art hat 15 cm lange, hellgrüne Blätter. Der 15–25 cm hohe Blütenstiel trägt nur eine ca. 6,5 cm große Blüte. Sie ist vorwiegend violett auf weißem Grund. Die obere Sepale (Fahne) ist wie die Petalen kräftig gestreift. Der Schuh ist stumpf grünlichviolett. Die Petalen sind wie Büffelhörner erst abwärts, dann aufwärts gebogen. Vor einigen Jahren wurde die Varietät album entdeckt. Sie ist im wesentlichen gelb, ohne jede Spur von Violett.
Haltung: Da diese Art in ihrer Heimat in größeren Höhen vorkommt, sollte man sie möglichst kühl halten. Sie benötigt zum guten Gedeihen außerdem viel Licht und eine hohe Luftfeuchtigkeit.

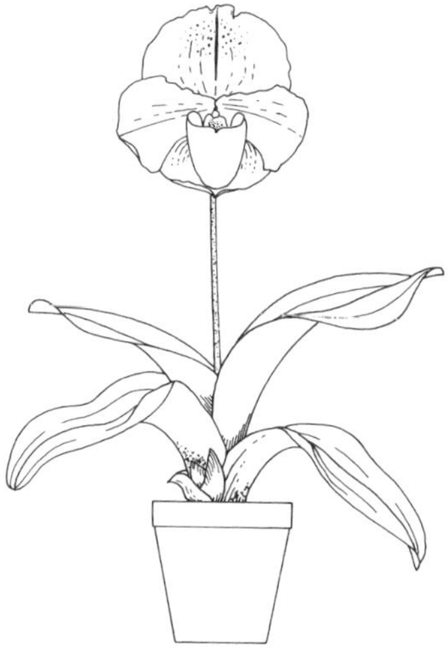

Paphiopedilum hirsutissimum

Kalt – temperiert (10–13°C)
Zimmer- und Gewächshaushaltung
Blüte: Frühjahr
Immergrün
Keine Ruhepause

Heimat: Himalaya
Diese Art hat ca. 30 cm lange, schmale, grüne Blätter. Die Blütenknospe entspringt aus einer Scheide, die sich gegen Winteranfang bildet. Die über 12 cm breiten Blüten öffnen sich im späten Frühjahr. Sie halten 8 Wochen oder länger. Die Fahne ist schwarzviolett mit hellgrünem Saum; die teilweise mit schwarzen Haaren bedeckten Petalen sind leuchtend violett, der Schuh ist bräunlich-violett.
Haltung: Dieser Venusschuh gedeiht im kalten oder temperierten Haus, eignet sich aber auch für das Fensterbrett oder die Vitrine. Er muß das ganze Jahr gleichmäßig feucht gehalten werden und darf nie austrocknen. Am besten läßt man ihn zu einer großen Pflanze heranwachsen, die in einer Saison mehrere Blüten trägt. Zur Vermehrung kann man sie aber auch teilen; dabei muß sie wenigstens drei Triebe behalten.
(Bild Seite 102)

Paphiopedilum Honey Gorse 'Sunshine' (AM/RHS)

Temperiert (13°C)
Gewächshaushaltung
Blüte: Winter
Immergrün
Keine Ruhepause

Die 10 cm großen Blüten dieser Hybride – der ersten, die die Merkmale der grünen und der gelben *Paphiopedilum*-Gruppe vereint – sind dunkel gelbgrün. Jetzt werden satter smaragdgrüne Hybriden gezüchtet, aber diese sind schwer zu schlagen wegen ihrer fleischigen Blüten. Eine Eigenschaft, die der grünen Gruppe meist abgeht. Sie bildet einen wunderschönen Kontrast zu den kräftiger gefärbten und gefleckten Blüten der anderen Farbbereiche.
Haltung: Hybriden dieses Typs gedeihen am besten an einem schattigen Platz im temperierten Haus. Sie müssen jedes Jahr umgetopft werden, damit der Pflanzstoff stets frisch und gut durchlässig ist. Der Topf sollte möglichst klein sein. Sie wachsen langsamer als viele natürliche Arten, daher ist eine Teilung nicht zu empfehlen.
(Bild Seite 105)

Paphiopedilum insigne

Kalt (10°C)
Gewächshaushaltung
Blüte: Winter
Immergrün
Keine Ruhepause

Heimat: Himalaya
Die schmalen hellgrünen Blätter dieser Venusschuh-Art sind bis 30 cm lang. Im Mittwinter erscheinen zahlreiche 10–12 cm breite Blüten, die viele Wochen lang makellos bleiben. Die Fahne ist grün mit dunkelbraunen Flecken und weißer Spitze. Die längsgeaderten Petalen und der Schuh sind bronzefarben. Es gibt zahlreiche Varietäten, darunter die rein gelbe *P. insigne* var. *sanderae.* Diese Art läßt sich leicht vermehren und in Gärtnereien aus Samen ziehen. Sie ist in großem Umfang zu Kreuzungen verwendet worden, und es gibt kaum eine moderne Paphiopedilum-Hybride, die nicht auf sie zurückgeht.
Haltung: Diese Art gehört an einen kühlen, luftigen Platz mit hoher Luftfeuchtigkeit.
(Bild Seite 103)

Paphiopedilum Maudiae

Temperiert (13°C)
Gewächshaushaltung
Keine feste Blütezeit
Immergrün
Keine Ruhepause

Paphiopedilum Maudiae ist eine beliebte Hybride, die aus der Kreuzung *Paph. callosum* × *Paph. lawrenceanum* unter Verwendung von zwei grünen Varietäten entstanden ist. Sie hat die Anmut und die Schönheit einiger natürlicher Arten, die von den Hybriden des schwereren, rundlicheren Typs überschattet worden sind. Die kurzen, rundlichen Blätter sind wunderschön hell- und dunkelgrün marmoriert. Der hohe, dünne Blütenstengel trägt nur eine große weiße, satt apfelgrün gestreifte Blüte mit gelber Lippe. Die Varietät 'Coloratum' trägt die gleiche Zeichnung auf satt violettem Grund.
Haltung: Die kräftige Pflanze kann zur Vermehrung ständig geteilt werden, ohne Schaden zu nehmen. Wegen ihrer Pflegeleichtigkeit und der Haltbarkeit der langstieligen Blüten, die zweimal im Jahr erscheinen können, ist sie in Gärtnereien beliebt.
(Bild Seite 104)

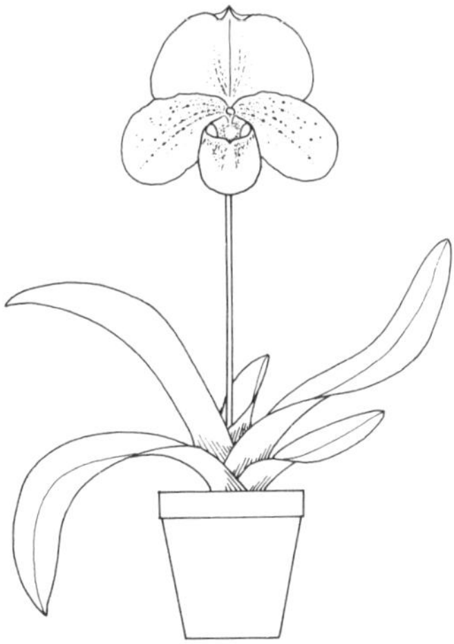

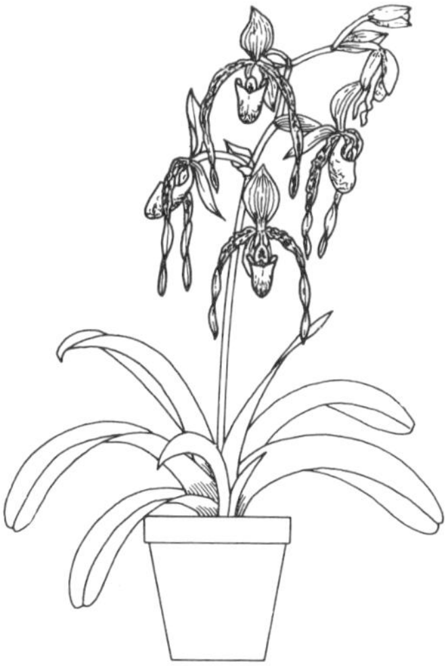

Paphiopedilum Miller's Daughter 'Snow Maiden'

Temperiert (13°C)
Gewächshaushaltung
Blüte: Winter
Immergrün
Keine Ruhepause

Diese Linie stellt den größten Fortschritt in der Züchtung weißblühender Hybriden dar. Größe, Gestalt und Lebenskraft der Miller's Daughter-Hybriden sind von unvergleichbarer Vollkommenheit. Diese abgebildete Hybride (*P.* Dusty Miller 'Mary' AM/RHS & GMM × *P.* Chantal 'Aloha') hat 13 cm breite, weiße, über und über zart rosigbraun gesprenkelte Blüten, die im Winter erscheinen.
Haltung: Diese Orchidee gedeiht am besten an einem schattigen Platz im temperierten Haus. Sie muß stets feucht sein und darf nie völlig trocken werden. Die Pflanze besitzt keine Pseudobulben, sondern speichert geringe Wasserreserven in den Blättern.
(Bild Seite 107)

Paphiopedilum parishii

Temperiert (13°C)
Gewächshaushaltung
Blüte: Winter
Immergrün
Keine Ruhepause

Heimat: Burma, Thailand
Diese auffallende Art wächst oft epiphytisch. Die langen, schmalen Blätter sind ganz glatt und glänzend hellgrün. Der bis 60 cm hohe, aufrechte Blütenschaft trägt vom Herbst bis zum Frühjahr 4–7 etwa 7,5 cm breite Blüten, die sich alle gleichzeitig öffnen, was bei *Paphiopedilum*-Arten sehr selten ist. Die lang herabhängenden, verdrehten Petalen sind am Grunde gelbgrün mit braunen Flecken, im übrigen violett-braun; der Schuh ist grünlichbraun, die Fahne grünlichgelb.
Haltung: Diese Orchidee braucht zum Blühen nicht viel Licht. Sie blüht allerdings erst, wenn sie ausgewachsen ist, daher läßt man sie am besten ungeteilt wachsen. Im Frühjahr und Sommer muß die Pflanze vor direktem Sonnenlicht geschützt werden. Auf den Blättern darf kein Wasser stehenbleiben.
(Bild Seite 106)

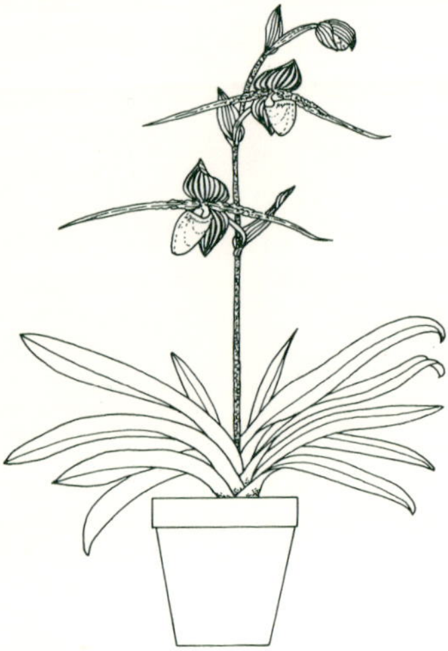

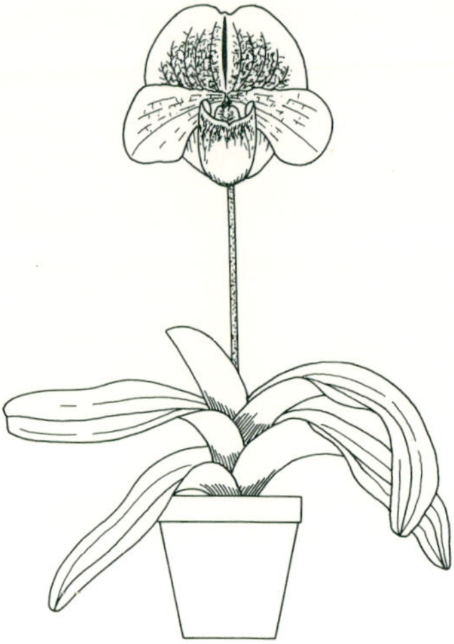

Paphiopedilum rothschildianum

Temperiert (13°C)
Gewächshaushaltung
Blüte: Sommer – Herbst
Immergrün
Keine Ruhepause

Heimat: Neuguinea
Eine der auffälligsten *Paphiopedilum*-Arten. Die bis 60 cm langen, lederigen Blätter sind glänzend hellgrün. Der bis 80 cm hohe Schaft trägt 2–5, 15 cm breite Blüten. Sie sind auf hellgelbem Grund violettbraun gestreift mit violettbrauner Lippe.
Haltung: Diese Orchidee ist am besten für das temperierte Haus geeignet, in dem sie einen schattigen, luftfeuchten Platz verlangt. Die Pflanze sollte nicht zu oft geteilt werden, sondern in Ruhe heranwachsen können.
(Bild Seite 103)

Paphiopedilum Royale 'Downland' (AM/RHS & GMM)

Temperiert (13°C)
Pflegeleicht, blühwillig
Blüte: Winter
Immergrün
Keine Ruhepause

Diese Hybride stammt aus der berühmten Linie *P.* Paeony 'Regency' (AM/RHS). Auf langen Blütenschäften trägt sie im Winter 15 cm breite Blüten, die eine interessante Farbkombination von Rosenrot und Grün zeigen und an der Pflanze bis zu 10 Wochen halten. Sie sind so schwer, daß sie mit einem dünnen Bambusstab oder dergleichen gestützt werden müssen.
Haltung: Die Hybride sollte im temperierten Haus warm, schattig und gleichmäßig feucht gehalten werden. Jährliches Umtopfen ist zu empfehlen, damit der Pflanzstoff frisch und locker bleibt und ein stetiges Wachstum gesichert wird. Nach dem Abblühen den Blütenstiel abschneiden, damit die Pflanze zur Bildung eines neuen Triebes für die nächste Saison angeregt wird.
(Bild Seite 107)

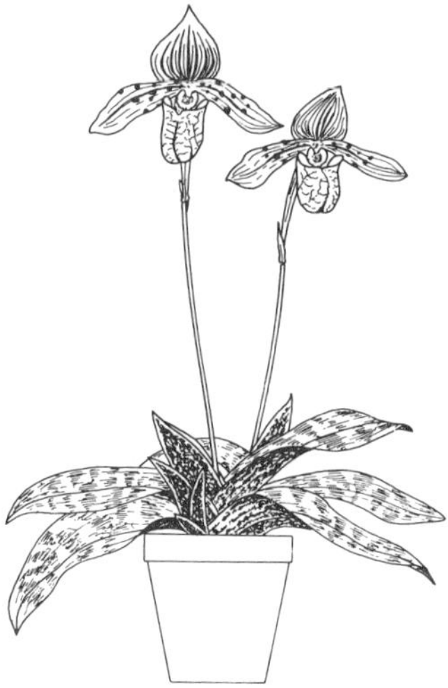

Paphiopedilum spiceranum

Kalt – temperiert (10–13 °C)
Zimmer- und Gewächshaushaltung
Blüte: Herbst – Winter
Immergrün
Keine Ruhepause

Heimat: Assam
Diese Art hat breite, oben dunkelgrüne, unten violett gefleckte Blätter mit gewelltem Rand. Sie trägt im Herbst und Winter auf einem 30 cm hohen Schaft 1–2 etwa 7,5 cm große bronzefarbene Blüten. Ihr hervorstechendes Merkmal ist die kapuzenartige weiße Fahne mit einem violetten Streifen in der Mitte. Die Art wurde viel zu Kreuzungen verwendet und hat dieses Merkmal an viele Hybriden weitergegeben.
Haltung: Diese anpassungsfähige Orchidee gedeiht im warmen oder temperierten Haus, aber auch im Zimmer. Sie braucht einen schattigen Standort und muß das ganze Jahr feucht gehalten werden. Ein gelegentliches leichtes Übersprühen mit weichem, lauwarmem Wasser trägt sehr zu einem hohen Wachstum bei. Anfänger sollten es lieber mit einer ihrer Hybriden versuchen.
(Bild Seite 109)

Paphiopedilum venustum

Temperiert (13 °C)
Zimmer- und Gewächshaushaltung
Blüte: Frühjahr
Immergrün
Keine Ruhepause

Heimat: Himalaya-Gebiet
Diese elegante Pflanze ist auch außerhalb der Blütezeit attraktiv. Die Blätter sind kräftig graugrün marmoriert. Ein 15–23 cm hoher Schaft trägt im zeitigen Frühjahr eine, gelegentlich zwei prachtvolle, 7,5 cm breite langlebige Blüten. Die leicht behaarten Petalen und die Lippe sind auf hellgrünem Grund rosenrot getönt. Die weiße Fahne ist kräftig grün gestreift.
Haltung: *P. venustum* eignet sich fürs temperierte Gewächshaus, aber auch für die Haltung im Zimmer. Sie braucht einen schattigen, gut belüfteten Standort. Durch regelmäßiges Umtopfen wird der Pflanzstoff frisch und gut durchlässig gehalten.
(Bild Seite 108)

Phalaenopsis Barbara Moler

Warm (18–21 °C)
Gewächshaushaltung
Blüte: Frühjahr – Herbst
Immergrün
Keine Ruhepause

Diese *Phalaenopsis*-Hybride ist ziemlich kompakt und hat etwa 30 cm lange und 10 cm breite Blätter. Die bis 45 cm langen, verzweigten Blütenstände tragen vom Frühjahr bis zum Herbst viele Monate lang 7 cm breite, fleischige Blüten. Es gibt zwei Farbvarianten. Die bekannteste ist auf weißem Grund so kräftig rosa gestreift, daß sie insgesamt sattrosa wirkt, die andere ist auf grünlichgelbem Grund gelblich kastanienbraun gefleckt.
Haltung: Diese Orchidee benötigt einen warmen, schattigen Standort und muß das ganze Jahr gleichmäßig feucht gehalten werden. Der Topf darf nicht zu groß sein.
(Bild Seite 108)

Phalaenopsis equestris

Warm (18–21 °C)
Gewächshaushaltung
Blüte: Herbst–Winter
Immergrün
Keine Ruhepause

Heimat: Philippinen
Die Gattung *Phalaenopsis* ist im Fernen Osten beheimatet. Die Arten leben entweder epiphytisch auf Bäumen oder lithophytisch auf Felsen. Sie wachsen ausnahmslos in schattigen, feuchten Lagen, wachsen monopodial und besitzen keine Pseudobulben. Diese Art ist ziemlich kompakt. Die dunkelgrünen, lederigen Blätter sind ca. 15 cm lang und 7,5 cm breit. Die anmutigen, überhängenden Blütenstände tragen 2,5 cm breite, blaßrosa Blüten mit dunklerer, ovaler Lippe.
Haltung: *Ph. equestris* eignet sich für das Warmhaus, läßt sich aber wegen des gedrungenen Wuchses auch in einer Zimmervitrine unterbringen. Sie benötigt einen schattigen Platz. In der prallen Sonne verbrennen die zähen, lederigen Blätter rasch. Die Pflanze muß das ganze Jahr über gleichmäßig feucht gehalten und im Sommer leicht mit lauwarmem, weichem Wasser übersprüht werden.
(Bild Seite 111)

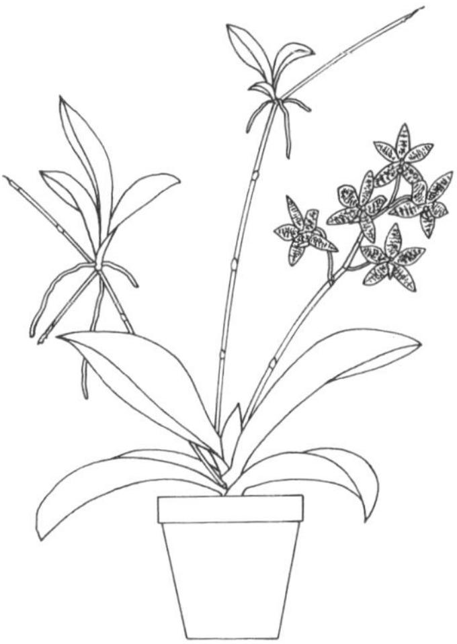

Phalaenopsis Hennessy

Warm (18–21 °C)
Gewächshaushaltung
Keine feste Blütezeit
Immergrün
Keine Ruhepause

Diese Hybride ist ein Beispiel für eine weiß-rosa gezeichnete *Phalaenopsis*. Sie blüht das ganze Jahr hindurch sehr reich. Die verzweigten Blütenstände können gleichzeitig bis zu 30 Blüten tragen. Die Einzelblüte ist 9–12 cm groß und auf weißem bis hellrosa Grund rosa oder rot gestreift, bei manchen Formen auch gefleckt. Die Farbe der Lippe variiert von Sattrosa bis Orange.
Hybriden dieses Typs sind recht neu und nur in beschränktem Umfang erhältlich. Bei einer Kreuzung trägt nur ein Bruchteil der Keimlinge die so sehr begehrten Streifen.
Haltung: Die Blüten von *Phalaenopsis* sind sehr empfindlich in bezug auf Nässe, die die Blüte vorzeitig fleckig werden läßt. Dieser Gefahr kann man mit guter Belüftung und großer Lufttrockenheit zur Blütezeit begegnen. Die Pflanzen leiden auch, wenn sie im Winter zu wenig Licht bekommen.
(Bild Seite 110)

Phalaenopsis lueddemanniana

Warm (18–21 °C)
Gewächshaushaltung
Blüte: Frühjahr–Sommer
Immergrün
Keine Ruhepause

Heimat: Philippinen
Diese pflegeleichte, reichblühende Art ist eine der veränderlichsten ihrer Gattung. Die langen und breiten wachsartigen Blätter sind meist hellgrün. Manchmal sprießen gleichzeitig mehrere Blütenstände, jeder mit bis zu 20 etwa 2,5 cm großen Blüten, die sich das ganze Frühjahr und den ganzen Sommer über nacheinander öffnen. Sepalen und Petalen sind weiß oder gelb mit rosa bis dunkelvioletten Bändern oder Flecken. Die kleine Lippe ist meist violett. An den Knoten der Blütenstände bilden sich reichlich Kindel.
Haltung: Diese Orchidee möchte einen schattigen, warmen Standort. Sobald die ersten Knospen erscheinen, stellt man sie jedoch etwas kühler – auf diese Weise erzielt man eine kräftigere Färbung der Blüten.
(Bild Seite 110)

Phalaenopsis schilleriana

Warm (18–21 °C)
Gewächshaushaltung
Blüte: Frühjahr
Immergrün
Keine Ruhepause

Heimat: Philippinen
In ihrer Heimat wächst diese Orchidee oft hoch oben epiphytisch auf Bäumen. Die Pflanzen halten sich mit zahlreichen flachen Wurzeln an Ästen und Stämmen fest. In der Kultur erreichen diese Wurzeln eine beträchtliche Länge und sitzen so fest an jeder erreichbaren festen Unterlage, daß man sie kaum lösen kann, ohne sie abzubrechen. Ältere Wurzeln glänzen wunderschön silbrig.
P. schilleriana ist außergewöhnlich dekorativ. Die gut 45 cm langen Blätter sind dunkelgrün und silbergrau marmoriert. Die 5–7,5 cm großen, zart rosa-violetten Blüten erscheinen im zeitigen Frühjahr oft in großer Zahl auf einem bis 90 cm langen, verzweigten Schaft.
Haltung: Diese Art hält man am besten gleichmäßig warm, feucht und schattig.
(Bild Seite 112)

Phalaenopsis Space Queen

Warm (18–21 °C)
Gewächshaushaltung
Keine feste Blütezeit
Immergrün
Keine Ruhezeit

Diese Hybride aus *P.* Barbara Moler × *P.* Temple Cloud hat schöne, sehr feste, 9–10 cm breite, zartrosa oder weiße, dicht rot gesprenkelte Blüten. Eine robuste Pflanze, von der man bei bester Pflege erwarten kann, daß sie zweimal im Jahr blüht.
Haltung: Diese Hybride verträgt – wie alle *Phalaenopsis* – keine Kälte. Hat man Schwierigkeiten, die empfohlene Mindesttemperatur von 18 °C oder besser 21 °C den ganzen Winter durchzuhalten, dann sollte man es lieber nicht mit ihr versuchen. Am besten gibt man den *Phalaenopsis* eine eigene Abteilung im Warmhaus. Auch im Topf bilden sie eine Anzahl bis 90 cm langer Luftwurzeln, die sich am Gestell entlang schlängeln und die man möglichst ungestört lassen sollte.
(Bild Seite 129)

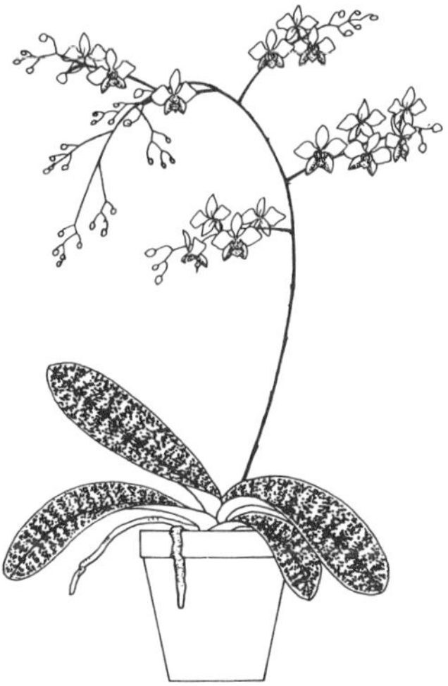

Phalaenopsis stuartiana

Warm (18–21 °C)
Gewächshaushaltung
Blüte: Frühjahr
Immergrün
Keine Ruhepause

Heimat: Philippinen
Diese Art wächst in ihrer Heimat immer nahe am Wasser, manchmal sogar so dicht am Strand, daß ihre Blüten vom Salzwasser übersprüht werden. Sie ähnelt *P. schilleriana* so stark, daß man sie, wenn sie nicht blüht, nicht auseinanderhalten kann. Beide Arten haben dunkelgrüne, grau und silbern marmorierte Blätter, flache Wurzeln und den gleichen verzweigten, vielblütigen Blütenstand. Bei *P. stuartiana* sind jedoch die obere Sepale und die seitlichen Petalen weiß. Bei den beiden unteren Sepalen ist die eine Hälfte weiß, die andere kräftig purpurrot gesprenkelt wie die orangegelbe Lippe.
Haltung: Wie alle *Phalaenopsis* sollte auch diese Art warm, feucht, luftig und schattig gehalten werden. Unter günstigen Bedingungen bilden die Pflanzen Kindel, die sich zu jungen Pflanzen mit eigenem Wurzelwerk entwickeln.
(Bild Seite 129)

Phalaenopsis Temple Cloud

Warm (18 °C)
Gewächshaushaltung
Keine feste Blütezeit
Immergrün
Keine Ruhepause

Diese Hybride aus *P.* Opaline × *P.* Keith Shaffer hat die Vorzüge der beiden hervorragenden Eltern geerbt. Die reinweißen, fleischigen, fast 12 cm großen runden Blüten können zu jeder Jahreszeit erscheinen.
Haltung: Diese Pflanze ist wie alle modernen *Phalaenopsis*-Hybriden nicht schwer zu pflegen und kann monatelang blühen, wenn sie viel Wärme bekommt. Sie eignet sich für das Warmhaus und für die Zimmervitrine, in der sich die erforderlichen hohen Temperaturen leichter erreichen lassen. Da die Orchidee Schatten oder schwaches Licht liebt, kann sie mit Erfolg bei künstlichem Licht gepflegt und zum Blühen gebracht werden. Sie muß in einem möglichst kleinen Topf in gut durchlässiger Rindenmischung gehalten und fast das ganze Jahr bei jedem dritten Gießen gedüngt werden. Man darf sie nie ganz austrocknen lassen.
(Bild Seite 131)

Phalaenopsis violacea

Warm 18–21 °C)
Gewächshaushaltung
Blüte: Sommer
Immergrün
Keine Ruhepause

Heimat: Borneo, Malaysia
Von dieser 1859 entdeckten Art gibt es zwei verschiedene Formen: die eine aus Borneo, die andere aus Malaysia. Die 7,5 cm großen Blüten der Borneo-Form duften nach Veilchen und erscheinen im Sommer an einem kurzen, herabhängenden Blütenstiel, oft mehrere nacheinander. Die Art aus Malaysia hat kleinere (ca. 6,5 cm große) und vollere Blüten.
Wilde Pflanzen sind heute praktisch nicht mehr zu bekommen, aber ausgewählte Varietäten werden aus Samen gezogen und sind leichter zu pflegen als Wildpflanzen.
Haltung: Auch diese *Phalaenopsis*-Art verlangt viel Wärme, tiefen Schatten und eine hohe Luftfeuchtigkeit.
(Bild Seite 130)

Pleione formosana

Sehr kalt (4,5 °C)
Gewächshaushaltung
Blüte: Frühjahr
Laubabwerfend
Trockene Ruhepause

Heimat: Taiwan
Die etwa 20 bekannten Arten der Gattung *Pleione* wachsen als Bergorchideen. Sie kommen terrestrisch, epiphytisch oder lithophytisch nahe der Schneegrenze vor. Die Pflanzen besitzen nur eine einzige, 1–2 Jahre haltende Pseudobulbe.
P. formosana besitzt eine dicke, rundliche Pseudobulbe. An ihrem Grunde erscheint der Neutrieb, aus dessen Mitte schon sehr früh ein Blütenschaft entspringt. Dieser trägt 1–2 etwa 10 cm große Blüten. Bei der gewöhnlichen Form variiert die Farbe von Reinweiß bis Blaßrosaviolett. Bei allen Varietäten ist die Lippe gefranst, bei den farbigen Varietäten ist sie purpurrot getupft.
Haltung: *Pleione*-Arten gedeihen gut an einem kühlen, schattigen Standort mit guter Belüftung und ausreichender Luftfeuchtigkeit. Wenn im Winter die Blätter abfallen, hält man die Pflanze kühl und trocken.
(Bild Seite 131)

Oben: *Phalaenopsis* Space Queen gedeiht im Warmhaus und trägt zu verschiedenen Zeiten an einem langen Blütenstiel große, weiße, rosa getüpfelte Blüten. Siehe Seite 126

Unten: *Phalaenopsis stuartiana,* eine wunderschöne, viel zu Kreuzungen verwendete Warmhausart, die im Frühjahr hohe, verzweigte Blütenstände trägt. Siehe Seite 127

Oben: *Phalaenopsis violacea* mit einzelnen, sehr auffallenden, duftenden, langlebigen Blüten. Aus dieser Art werden viele Hybriden gezüchtet, die viel von der kräftigen Farbe der unteren Sepalen zeigen. Siehe Seite 128

Oben rechts: *Phalaenopsis* Temple Cloud, eine reinweiße Warmhaushybride, die zu verschiedenen Zeiten blüht. Siene Seite 127

Rechts: *Pleione formosana* wächst im sehr kalten, alpinen Haus. Sie blüht im Frühjahr und wirft im Winter das Laub ab. Siehe Seite 128

Oben: Die im Frühjahr erscheinenden Blüten von *Pleione formosana* var. *alba* 'Snow White' halten 2–3 Wochen. Siehe Seite 145

Oben: *Rhynchostylis retusa* entwickelt lange, dichte Trauben kleiner rosaweißer Blüten. Siehe Seite 147

Links: *Saccolabium acutifolium* gedeiht besonders gut auf Rinde im temperierten Haus. Siehe Seite 147

Unten: *Potinaria* Sunrise, eine wunderschöne Hybride vom *Cattleya*-Typ. Sie zeigt im Herbst ihre prächtigen violetten Blüten. Siehe Seite 146

Oben: Die kleinwüchsige *Polystachya pubescens* eignet sich sehr gut für das temperierte Haus. Siehe Seite 145

Rechts: *Stanhopea tigrina* trägt im Sommer prachtvolle, stark duftende, aber kurzlebige Blüten. Siehe Seite 149

Unten: *Sobralia macrantha,* eine hochwüchsige Art für einen ziemlich kühlen Standort. Siehe Seite 148

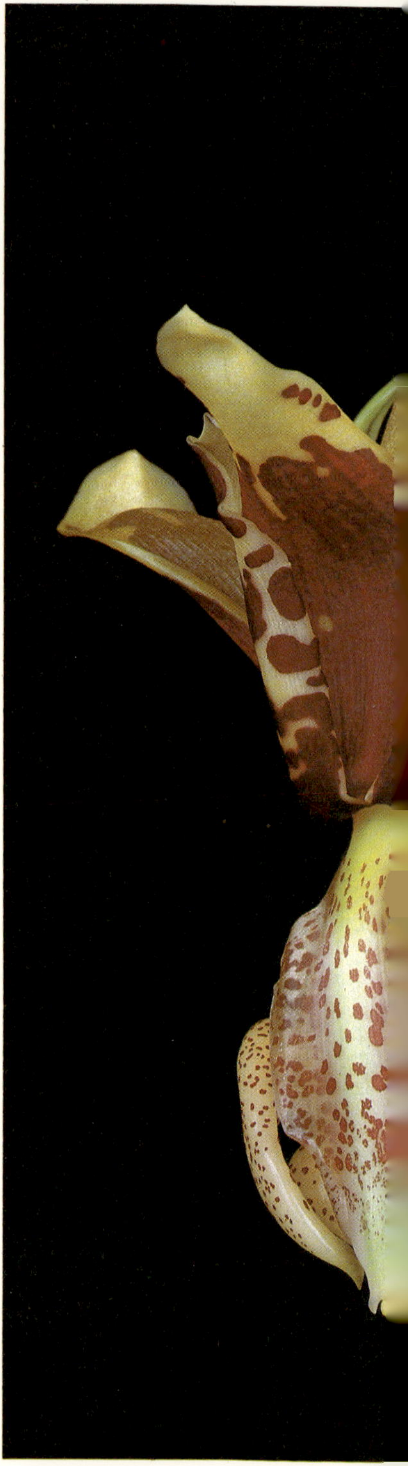

Ganz links: *Stanhopea wardii* trägt im Sommer stark duftende Blüten, die nur wenige Tage halten. Die Blütenstiele wachsen unter der Pflanze heraus, weshalb diese Art am besten im Korb gehalten wird. Siehe Seite 149

Links: Diese kleinwüchsige, epiphytische *Sophronitis coccinea* gehört ins kalte oder temperierte Haus. Die auffallenden scharlachroten Blüten erscheinen im Spätwinter oder Frühjahr. Siehe Seite 148

Unten: *Vanda coerulea* gehört ins temperierte Haus. Sie trägt im Herbst wunderschöne lila-blaue Blütentrauben. Ein seltenes Sammlerobjekt. Siehe Seite 151

Oben: *Trichopilia tortilis,* eine gedrungene Pflanze für das kalte oder temperierte Haus. Sie blüht im Sommer. Siehe Seite 150

Unten: Die kleinwüchsige *Vanda cristata* eignet sich für das kalte oder temperierte Haus. Sie blüht im Frühjahr oder Sommer. Siehe Seite 151

Oben: Diese *Vanda* Onomea 'Walcrest' braucht viel Licht, wenn sie gut gedeihen und blühen soll. Sie trägt im Sommer große Blüten auf einem vielblütigen Blütenstiel. Siehe Seite 153

Oben: *Vanda* Nelly Morley, eine sonnenhungrige Warmhaushybride, die zu verschiedenen Zeiten große, farbenprächtige Blüten trägt. Siehe Seite 152

Links: *Vanda* Jennie Hashimoto 'Starles', eine reichblühende Warmhaushybride, die im Sommer einen sonnigen Standort verlangt. Siehe Seite 152

Unten: *Vanda sanderana* benötigt viel Sonnenschein, wenn sie gut wachsen und blühen soll. Siehe Seite 154

Links oben: *Vanda* Rothschildiana ist leichter zu pflegen als die meisten anderen *Vanda*-Hybriden. Siehe Seite 153

Links: Die Warmhaushybride *Vanda* Thonglor blüht gewöhnlich im Sommer. Siehe Seite 155

Oben: *Vanda suavis* wird auch als *Vanda tricolor* geführt. Die hochwüchsige Warmhausart trägt im Herbst und Winter duftende Blüten. Diese Art liebt Sonne und verlangt eine hohe Luftfeuchtigkeit. Siehe Seite 154

Rechts: Die pflegeleichte Kalthaushybride *Wilsonara* Widecombe Fair trägt auf langem, verzweigtem Schaft Hunderte von Blüten. Siehe Seite 156

Unten: Die Hybride *Vuylstekeara* Cambria 'Plush' erfreut durch ihre leuchtendviolette Farbe und die große weiß-violette Lippe. Siehe Seite 155

Ganz unten: *Zygopetalum intermedium* trägt im Winter viele braun-grün-violette, duftende Blüten. Siehe Seite 156

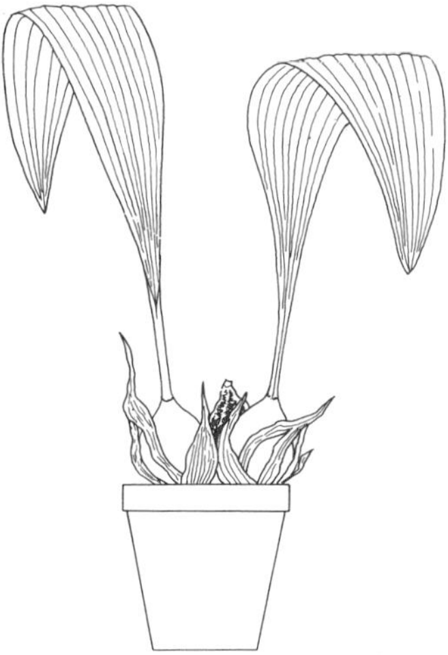

Pleione formosana var. alba 'Snow White'

Sehr kalt (4,5 °C)
Gewächshaushaltung
Blüte: Frühjahr
Laubabwerfend
Trockene Ruhepause

Die weiße Varietät dieser beliebten Art trägt einzelne glänzend reinweiße Blüten mit einem zartgelben Fleck auf der gefransten Lippe.
Haltung: Diese Varietät verlangt von allen kultivierten Orchideen am wenigsten Wärme. Sie begnügt sich im Sommer mit normalen Kalthausverhältnissen, muß aber während der Winterruhe möglichst kühl gehalten werden. Der Neutrieb muß ausgebildet sein, wenn im Spätherbst die ziemlich kurzen, breiten Blätter welken und abfallen. Die Bulben werden den Winter über kühl und trocken aufbewahrt und im Frühjahr umgetopft. Gegossen wird zunächst sparsam.
(Bild Seite 133)

Polystachya pubescens

Temperiert (13 °C)
Gewächshaushaltung
Keine feste Blütezeit
Immergrün
Keine Ruhepause

Heimat: Tropisches Afrika
Die meisten der 150–200 bekannten *Polystachya*-Arten stammen aus dem tropischen Afrika. Die Blüten sind gewöhnlich klein, aber die Pflanzen blühen sehr reich. Anders als bei den meisten Orchideen steht bei dieser Gattung die Lippe oben, die beiden Sepalen bilden darüber eine Kapuze. *P. pubescens* hat schlanke, sich verjüngende Pseudobulben, die 5 cm hoch werden und 2 oder 3 kurze Blätter tragen. Der endständige Blütenstengel trägt eine Ähre mit 6–12 leuchtend gelben, bis 1,5 cm großen Blüten, deren Lippe und obere Sepalen zart rot gestreift sind.
Haltung: *Polystachya*-Arten gehören ins mittelwarme Gewächshaus und müssen vor direkter Sonneneinstrahlung geschützt werden. Als Epiphyten verlangen sie einen gut durchlässigen Pflanzstoff. Während des Wachstums benötigen sie viel Feuchtigkeit an den Wurzeln – Staunässe schadet jedoch.
(Bild Seite 134)

Potinaria Sunrise

Temperiert (13°C)
Gewächshaushaltung
Blüte: Herbst
Immergrün
Kurze Ruhepause

Diese Viergattungshybride (aus *Brassavola* × *Cattleya* × *Laelia* × *Sophronitis*) trägt im Herbst prächtige, 13–15 cm große violette Blüten mit etwas dunklerer Lippe. Im allgemeinen sind die Blüten etwas fleischiger als die anderer *Cattleya*-Hybriden und halten länger.
Haltung: Alle Mehrgattungs-Cattleyas gedeihen, wenn sie viel Licht bekommen und nach dem Abblühen bis zum Einsetzen erneuten Wachstums ruhen dürfen. Man darf sie im Sommer leicht übersprühen, aber die Blätter müssen am frühen Abend wieder trocken sein. Die Blüten bekommen vorzeitig Flekken, wenn die Pflanzen zu naß gehalten werden. Wie bei allen diesen Hybriden ist es ratsam, die Pflanzen und ihre Umgebung während der Blütezeit eher trocken zu halten. Umtopfen im Herbst nach dem Abblühen oder im Frühjahr möglich. Es geht darum, die Neutriebe zu erwischen, wenn sie ca. 2,5 cm lang sind.
(Bild Seite 133)

Promenaea xanthina

Temperiert (13°C)
Gewächshaushaltung
Blüte: Sommer
Immergrün
Keine Ruhepause

Heimat: Brasilien
Die Gattung *Promenaea* umfaßt etwa 12 epiphytische Arten, von denen aber nur 2 oder 3 in Sammlungen anzutreffen sind. Diese sind jedoch sehr beliebt, da die niedrigen, gedrungenen Pflanzen sehr viele Blüten tragen. *P. xanthina* wird oft unter dem ungültigen Namen *P. citrina* geführt.
Haltung: *Promenaea*-Arten gedeihen am besten im temperierten Haus. Im Sommer müssen sie gut schattiert werden. Sie vertragen keine Staunässe und kein altes Pflanzsubstrat. Am besten topft man sie jedes Jahr in neues, gut durchlässiges Substrat um. Die Blätter dürfen nicht angesprüht werden und müssen stets trokken sein, damit am Grunde der Pflanze keine Fäulnis entsteht.

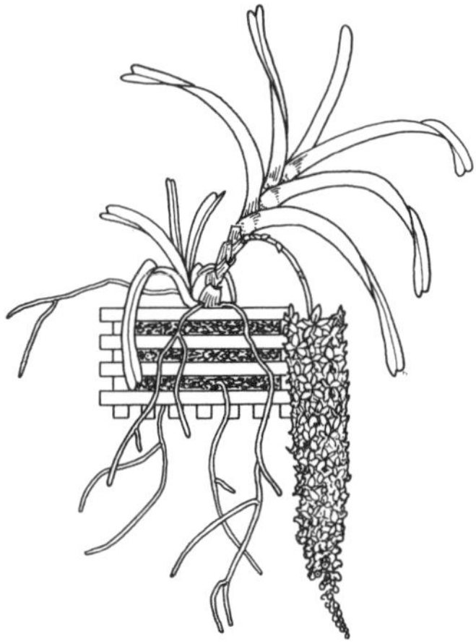

Rhynchostylis retusa

Temperiert (13°C)
Gewächshaushaltung
Blüte: Winter–Frühjahr
Immergrün
Keine Ruhepause

Heimat: Malaysia, Indonesien
Zu dieser bekannten und beliebten epiphytischen Gattung gehören nur 4 epiphytische, monopodial wachsende Arten, die alle in Sammlungen zu finden sind. Im Habitus ähneln sie riemenblättrigen Vandas. Die Blüten bilden an einem hängenden Stiel eine lange, dichte Traube.
R. retusa wird bis 60 cm hoch. Der 40–50 cm lange Blütenstiel trägt viele dicke, wachsartige, bis 2 cm große, stark duftende Blüten. Diese sind auf weißem Grund mehr oder weniger kräftig violett gefleckt. Die hochgebogene, zungenförmige Lippe ist rein violett. Sie erscheinen vom Winter bis zum Frühjahr und halten nur 2–3 Wochen. Bei guter Pflege blüht die Pflanze mehr als einmal im Jahr.
Haltung: Im Sommer mögen es diese Orchideen warm und feucht, aber schattig. Im Winter sollen die Pflanzen heller und nicht so warm stehen.
(Bild Seite 133)

Saccolabium acutifolium

Temperiert (13°C)
Gewächshaushaltung
Blüte: Herbst
Immergrün
Keine Ruhepause

Heimat: Indien, Malaysia, Japan
Diese monopodiale Art gehört zu einer kleinen, etwa 15 Arten umfassenden, epiphytischen Gattung. Sie heißt heute korrekt *Gastrochilus acutifolius*, wird in Gärtnereien aber noch unter dem alten Namen geführt. Diese Art hat eine nach oben wachsende Hauptachse mit schmalen, spitz zulaufenden Blättern, zwischen denen ein kurzer, herabhängender Blütenstiel hervorkommt, der eine Rosette aus duftenden Blüten trägt. Die Blütenfarbe ist sehr variabel, von Gelbgrün mit brauner Tönung bis fast rein Rot. Die eigenartig geformte, gefranste Lippe ist weiß mit einem gelben Fleck in der Mitte.
Haltung: Orchideen dieser Gattung hält man am besten im Warmhaus auf einem Stück Rinde. Hier bildet die Pflanze eine Anzahl baumelnder Luftwurzeln. Die Orchideen müssen ständig feucht und am besten schattig gehalten werden. Im Sommer nicht zu häufig übersprühen.
(Bild Seite 132)

Sobralia macrantha

Kalt – temperiert (10–13°C)
Zimmer- und Gewächshaushaltung
Blüte: Sommer
Immergrün
Keine strenge Ruhepause

Heimat: Tropisches Amerika
Die Gattung umfaßt 30–35 sehr hübsche, meist terrestrische Arten aus dem tropischen Amerika. Die langen, dünnen, schilfähnlichen Blütenstiele werden bis 2,40 m hoch – bleiben allerdings in der Kultur meist viel kleiner; an ihren Knoten entspringen die stark gerippten Blätter. Die endständigen Blüten sind denen von *Cattleya* sehr ähnlich. Sie halten nur 2–3 Tage, aber dafür bringt jeder Blütenstiel in rascher Folge mehrere Blüten hervor. Eine Pflanze mit mehreren Trieben kann viele Wochen lang blühen. Die 13–15 cm großen Blüten sind blaß bis satt rosa-violett mit einem gelben Schlundfleck.
Haltung: *Sobralia* liebt die Wärme, viel Sonnenschein und viel frische Luft. Während des Wachstums muß die Pflanze sehr wurzelfeucht gehalten werden, sie verträgt jedoch keine Staunässe. Im Winter sollte nicht viel gegossen werden; die Pflanze darf aber nie austrocknen.
(Bild Seite 134)

Sophronitis coccinea

Kalt – temperiert (10–13°C)
Gewächshaushaltung
Keine feste Blütezeit
Immergrün
Keine Ruhepause

Heimat: Brasilien
Diese kleinwüchsige epiphytische Orchideengattung ist in Sammlungen stets gut vertreten, obwohl nur 6 Arten bekannt sind.
S. coccinea, früher als *S. grandiflora* bekannt, wird nur 7,5 cm hoch. Der kurze, endständige Blütenstiel trägt eine 6,5 cm große, leuchtend scharlachrote Blüte. Die Petalen sind breiter als die Sepalen. Die Lippe ist gelb gefleckt oder gestreift.
Haltung: *Sophronitis* gehören ins kalte oder temperierte Haus und brauchen im Sommer viel Schatten. Sie wachsen anscheinend am besten auf einem Stück Korkrinde, gedeihen aber auch im Topf. Das Pflanzsubstrat sollte gut durchlässig sein. Leider haben *Sophronitis*-Arten anscheinend selbst unter idealen Bedingungen nur eine Lebensdauer von wenigen Jahren.
(Bild Seite 137)

Stanhopea tigrina

Kalt – temperiert (10–13 °C)
Gewächshaushaltung
Blüte: Sommer
Immergrün
Trockene Ruhepause

Heimat: Mexiko
Von dieser Gattung sind etwa 25 Arten beschrieben worden, die alle epiphytisch wachsen und aus dem tropischen Amerika stammen. Der Blütenstengel, der am Grunde der Pseudobulbe entspringt, wächst direkt nach unten durch das Substrat hindurch und blüht unterhalb der Pflanze.
Die 10 cm großen Blüten von *S. tigrina* sind in der Grundfarbe elfenbeinweiß oder rahmgelb. Sepalen und Petalen tragen große violette oder purpurne Flecken. Leider halten die stark duftenden Blüten nur etwa 3 Tage. Eine große Pflanze trägt jedoch viele Blüten nacheinander.
Haltung: Aufgrund der eigenartigen Blühgewohnheiten muß man *Stanhopea*-Arten in Draht- oder Lattenkörbchen halten. Die Orchideen benötigen mittelwarme Temperaturen und eine leichte Schattierung. Die Wurzeln müssen stets feucht gehalten werden. Vorsicht jedoch vor Staunässe!
(Bild Seite 135)

Stanhopea wardii

Kalt – temperiert (10–13 °C)
Gewächshaushaltung
Blüte: Sommer
Immergrün
Trockene Ruhepause

Heimat: Guatemala, Venezuela
Das 30–40 cm lange, breite, lederige Blatt von *S. wardii* entspringt oben aus der ovalen Pseudobulbe. Der Blütenstengel trägt im Spätsommer 3–9 Blüten, die sich sehr rasch entwickeln und voll erblüht bis 10 cm groß werden. Sie sind auf blaß zitronengelbem bis orangefarbenem Grund bräunlichviolett gesprenkelt. Die Lippe trägt beiderseits einen großen Fleck gleicher Farbe. Große Pflanzen blühen reich. Die Blütenstände entfalten sich nacheinander, so daß die Blütezeit sehr lang ist.
Haltung: Stanhopeas gehören zu den pflegeleichtesten Orchideen. Sie gehören ins kalte bis temperierte Haus und brauchen stets mäßigen Schatten sowie Feuchtigkeit im Wurzelbereich. Man muß sie in Körbchen oder in eigens angefertigten Töpfen mit Löchern in Wänden und Boden halten, damit die Blüten nicht im Gefäß eingesperrt bleiben.
(Bild Seite 136)

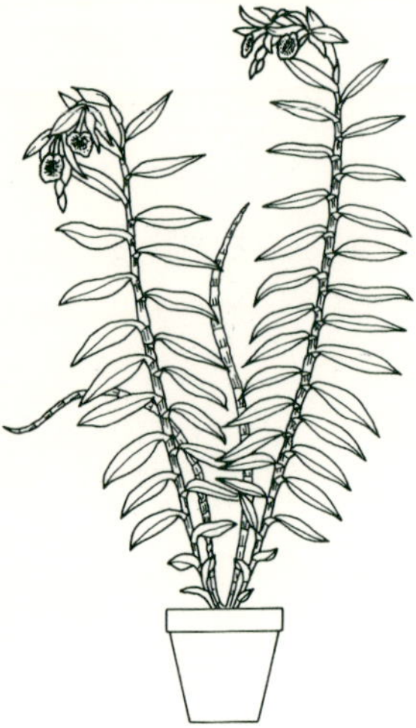

Thunia alba

Kalt – temperiert (10–13°C)
Gewächshaushaltung
Blüte: Sommer
Laubabwerfend
Trockene Ruhepause

Heimat: Birma, Himalaya
Diese Pflanze gehört zu einer kleinen indischen Gattung mit etwa 8 meist terrestrischen, gelegentlich halbepiphytischen Arten. Die aufrechten, schilfähnlichen Pseudobulben werden bis 60 cm hoch. Auf ihrer gänzen Länge entspringen weiche, blaugrüne, lanzettliche Blätter. Wenn die Bulbe reift, erscheint der große, hängende Blütenstand mit 4–6 etwa 6 cm großen, blendend weißen Blüten. Die behaarte Lippe trägt zahlreiche gelbe und einige braune Flecken.
Haltung: Während der sommerlichen Wachstumszeit benötigen diese Orchideen einen temperierten Standort mit hoher Luftfeuchtigkeit. Die Blätter dürfen jedoch nicht naß werden. Zum Winter hin welken die Blätter und fallen ab; dann ist eine kühle, trockene Ruhepause bei hellem Licht erforderlich. Jährliches Umtopfen ist zu empfehlen.

Trichopilia tortilis

Kalt – temperiert (10–13°C)
Gewächshaushaltung
Blüte: Sommer
Immergrün
Keine strenge Ruhepause

Heimat: Guatemala, Südmexiko
Von den etwa 30 bekannten Arten der epiphytischen Gattung *Trichopilia* sind heute nur wenige erhältlich. Die flachen Pseudobulben sind rundlich oder länglich und tragen nur ein lederiges Blatt.
T. tortilis trägt auf einem herabhängenden Schaft 1–2 duftende, bis 13 cm große Blüten. Die schmalen, korkenzieherähnlich gedrehten Sepalen und Petalen sind braun mit schmalem gelbgrünem Saum. Die tütenförmig gerollte Lippe ist weiß mit rosenroten Tupfen.
Haltung: Trichopilien gedeihen am besten in Körbchen oder auf Rinde im mittelwarmen Gewächshaus. Im Sommer müssen die Pflanzen gut schattiert werden. Während des Wachstums benötigen die Orchideen eine relativ hohe Luftfeuchtigkeit und stets feuchte – nicht nasse – Wurzeln. Nach dem Abblühen braucht die Pflanze etwas Ruhe bei trockener Haltung.
(Bild Seite 138)

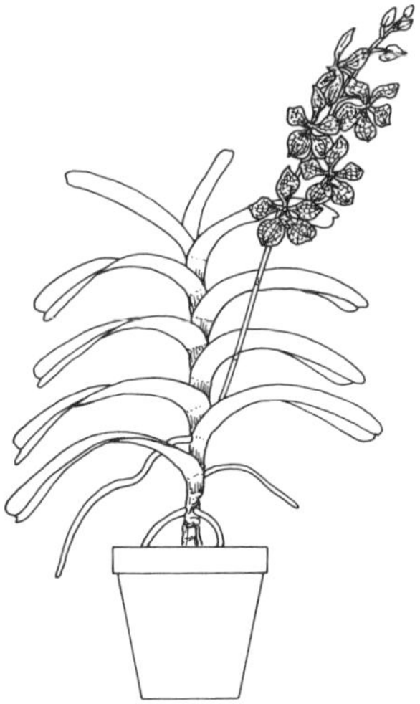

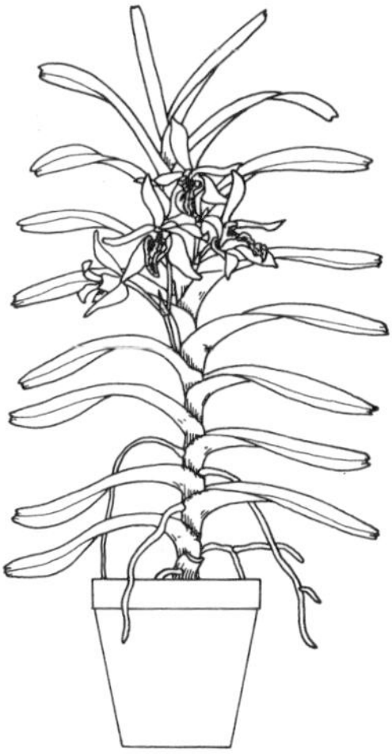

Vanda coerulea

Temperiert (13°C)
Gewächshaushaltung
Blüte: Herbst – Winter
Immergrün
Keine strenge Ruhepause

Heimat: Himalaya, Birma, Thailand
Die epiphytische, immergrüne, monopodiale Gattung *Vanda* ist mit über 70 Arten vom Himalaya bis Nordaustralien verbreitet. *V. coerulea* ist vielleicht die prächtigste und bei Sammlern beliebteste Art. Sie wächst in ihrer Heimat in ca. 1220–1830 m Höhe. Die wie bei allen Vandas zweizeilig angeordneten steifen, lederigen Blätter sind ca. 25 cm lang und 2,5 cm breit. Der aufrechte oder überhängende, bis 60 cm lange Blütenstengel trägt im Herbst und Winter 5–20 wunderschöne blaue Blüten. Die Blüten können in Farbe, Gestalt und Größe variieren. Sie sind ca. 10 cm groß und haben blaßblaue, dunkler geäderte Sepalen und Petalen und eine violettblaue, weiß getupfte Lippe.
Haltung: Während die meisten Vandas Wärme benötigen, gehört *V. coerulea* ins temperierte Haus. Wie alle Vanda-Arten liebt sie das Licht und eine gute Belüftung.
(Bild Seite 137)

Vanda cristata

Kalt – temperiert (10–13°C)
Gewächshaushaltung
Blüte: Frühjahr – Sommer
Immergrün
Keine strenge Ruhepause

Heimat: Nepal, Bhutan
Diese kleine, nur 25 cm hohe Art aus dem Gebirge von Nepal und Bhutan hat 15 cm lange Blätter und trägt vom zeitigen Frühjahr bis zum Mittsommer ca. 5 cm große, wachsartige, duftende Blüten. Sepalen und Petalen sind vorwiegend gelbgrün. Die Lippe ist blutrot gestreift und gefleckt.
Haltung: Diese schöne Art beansprucht wenig Platz und läßt sich leicht pflegen. Schon kleine Pflanzen blühen reich, und die Blüten halten viele Wochen. Regelmäßiges Übersprühen der ganzen Pflanze – außer zur Blütezeit – fördert die Entwicklung dicker Luftwurzeln, die rechtwinklig vom Stamm abstehen. Wenn die grünen Spitzen der Wurzeln einen weißen Überzug bekommen, ruht die Pflanze und muß halbtrocken gehalten werden.
V. cristata fühlt sich besonders wohl an einem hellen Platz im kalten oder temperierten Haus.
(Bild Seite 138)

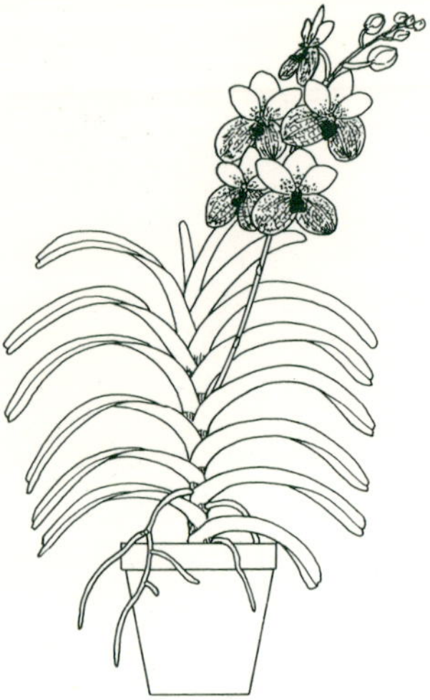

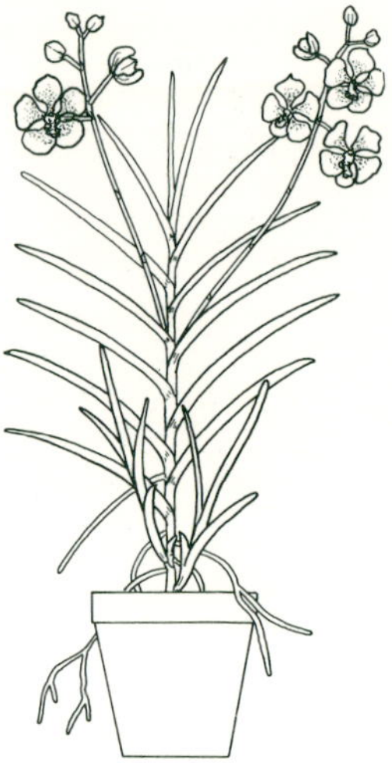

Vanda Jennie Hashimoto 'Starles'

Warm (18°C)
Gewächshaushaltung
Blüte: Sommer
Immergrün
Keine Ruhepause

Diese neue Kreuzung aus *V. sanderana* × *V.* Onomea wird bei Sammlern immer beliebter. Eine alte Pflanze trägt im Sommer bis zu 200 wohlgeformte Blüten mit rosa Sepalen und orangeroten Petalen.

Haltung: Diese Hybride gehört ins Warmhaus. Sie benötigt fast das ganze Jahr über helles Licht und hohe Luftfeuchtigkeit. Unter diesen Bedingungen blüht sie reich. Ständiges Übersprühen mit lauwarmem, weichem Wasser fördert die Entwicklung langer Luftwurzeln. Diese Orchidee eignet sich für den Hängekorb, den man nahe ans Glas hängt, so daß sie möglichst viel Licht bekommt und Platz für ihre herabhängenden Wurzeln hat.
(Bild Seite 140)

Vanda Nelly Morley

Warm (18°C)
Gewächshaushaltung
Wechselnde Blütezeit
Immergrün
Keine Ruhepause

Diese Kreuzung aus *V.* Emma Van Deventer × *V. sanderana* ist bei Sammlern sehr beliebt, weil sie meist zweimal im Jahr blüht – im Frühjahr und Frühherbst. Die zahlreichen Blüten sind rosa mit violettbrauner Zeichnung.

Haltung: Alle *Vanda*-Hybriden müssen fast das ganze Jahr über gut gedüngt werden. Wegen der hohen Temperaturen und der hohen Luftfeuchtigkeit, die für die Pflege wichtig sind, vertragen sie mehr Kunstdünger als die meisten anderen Orchideen, vorausgesetzt, sie haben ein gut entwickeltes, gesundes Luftwurzelsystem. Damit die Blätter nicht austrocknen, muß die Pflanze regelmäßig übersprüht werden. Wenn die Blätter erst einmal eingerollt und schlaff sind, ist es schwierig, sie wieder zu Kräften zu bringen. Vandas gedeihen nur im geheizten, sonnigen Gewächshaus.
(Bild Seite 141)

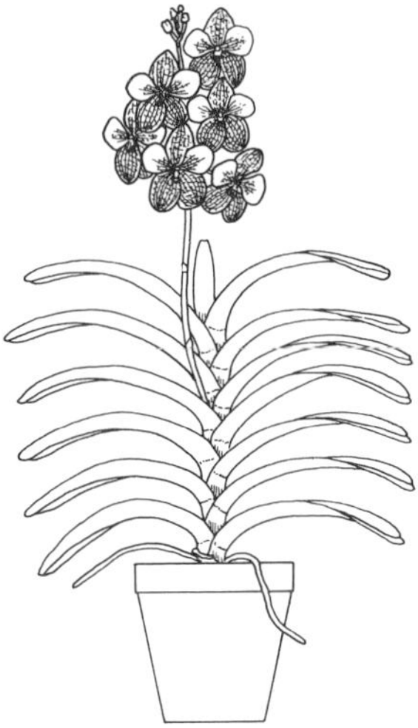

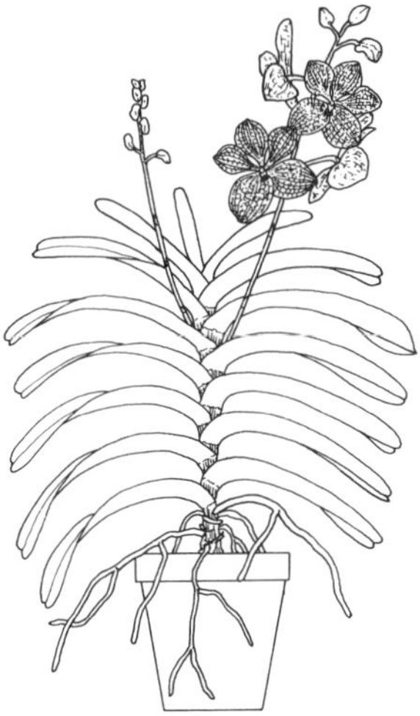

Vanda Onomea 'Walcrest'

Warm (18 °C)
Gewächshaushaltung
Blüte: Sommer
Immergrün
Keine Ruhepause

Die Hybride stammt aus der Kreuzung *V.* Rothschildiana × *V. sanderana.* Sie blüht gewöhnlich im Sommer, manchmal auch zweimal im Jahr und trägt zahlreiche, bis 15 cm große rosa Blüten, die mit einem rötlichvioletten Netzmuster überzogen sind.
Haltung: Diese Hybride ist nicht leicht zu pflegen. Sie muß auf jeden Fall im Warmhaus gehalten werden, benötigt viel Licht und eine relativ hohe Luftfeuchtigkeit. Man muß auch darauf achten, daß in den Blattachseln kein Wasser stehenbleibt, da dies leicht zu Fäulnis der Blätter führt.
(Bild Seite 139)

Vanda Rothschildiana

Warm (18°C)
Gewächshaushaltung
Blüte: Winter
Immergrün
Keine Ruhepause

V. Rothschildiana wird manchmal als Art bezeichnet, ist aber tatsächlich eine Hybride aus *V. coerulea* × *V. sanderana.* Sie wird ca. 75 cm hoch und hat 25 cm lange Blätter. Die überhängenden Blütenstengel tragen im Mittwinter dichte Trauben aus 5–10 intensiv blauen, flachen, oft 13–15 cm großen Blüten von fast kristallartiger Beschaffenheit. Eine Pflanze kann 3 oder 4 Blütenstengel hervorbringen.
V. Rothschildiana ist eine der schönsten tiefblauen Orchideen der Welt. Sie ist eine robuste Pflanze und etwas leichter zu pflegen als viele andere Hybriden und somit gut als erstes Objekt für einen Vandaliebhaber geeignet.
Haltung: Diese Hybride braucht stets einen warmen, sonnigen Standort mit hoher Luftfeuchtigkeit.
(Bild Seite 142)

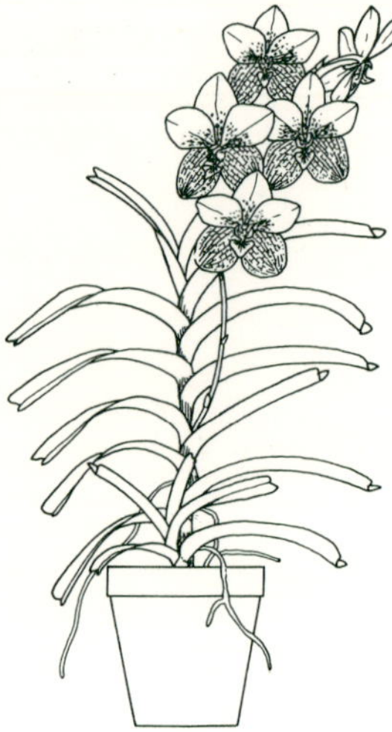

Vanda sanderana

Warm (18°C)
Gewächshaushaltung
Blüte: Sommer
Immergrün
Keine strenge Ruhepause

Heimat: Philippinen
Diese prachtvolle Orchidee kann über 60 cm hoch werden. Die Blätter sind 30–40 cm lang. Die halbaufrechten Blütenstiele tragen im Sommer eine dichte Traube von 7–20 flachen, 13 cm großen Blüten. Die obere Sepale ist wie die etwas kleineren Petalen zartrosa bis weiß mit roten Tupfen; die unteren Sepalen sind rund und etwas größer, ledergelb mit roter Zeichnung. Die kleine Lippe ist purpurrot.
Haltung: Obwohl diese anpassungsfähige Art notfalls etwas Kühle verträgt, gedeiht sie im allgemeinen am besten an einem warmen, sonnigen Standort.
(Bild Seite 141)

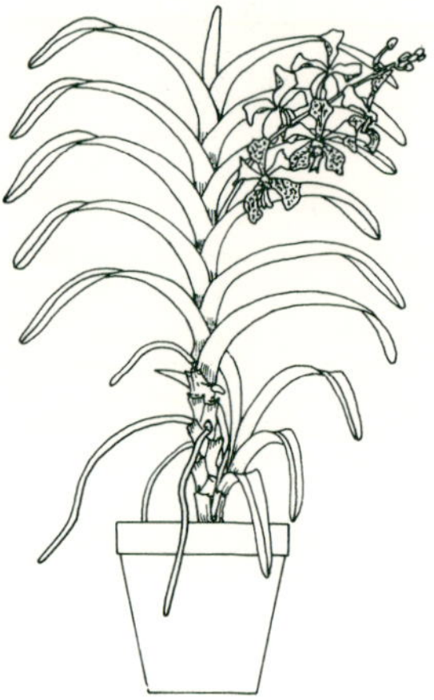

Vanda suavis

Warm (18°C)
Gewächshaushaltung
Blüte: Herbst – Winter
Immergrün
Keine strenge Ruhepause

Heimat: Java, Bali
Diese hochstämmige Pflanze ist auch unter dem Namen *V. tricolor* var. *suavis* bekannt. Sie bringt im Herbst und Frühwinter zahlreiche farbenprächtige Blüten hervor. Der Stamm ist dicht mit ca. 25 cm langen und 2,5 cm breiten, gebogenen Blättern besetzt. Die waagerechten Blütenstengel sind kürzer als die Blätter und tragen 5–10 etwa 7,5 cm große, wachsartige, duftende Blüten, die in Form und Farbe variieren können. Typisch sind weißlichgelbe, rotbraungestreifte oder gefleckte, gewöhnlich am Grunde blaßviolett getönte Sepalen und Petalen und eine violette Lippe.
Haltung: Diese Vanda benötigt einen geräumigen, warmen, sonnigen Platz. Eine gut gepflegte Pflanze kann eine beträchtliche Höhe erreichen und bietet einen prächtigen Anblick. Gelegentlich bilden sie am Grunde der Mutterpflanze bewurzelte Kindel.
(Bild Seite 143)

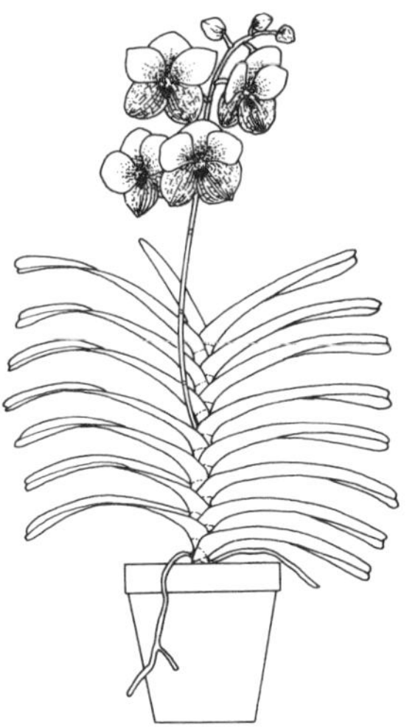

Vanda Thonglor

Warm (18 °C)
Gewächshaushaltung
Keine feste Blütezeit
Immergrün
Keine Ruhepause

Diese wunderschöne Hybride wurde in Thailand, der Heimat der Vandas, gezüchtet. Sie vereint zwei begehrte Eigenschaften: Fülle und aufregende Farbe, die sie beide großenteils von *V. sanderana* geerbt hat. Die rundlichen, 6–7,5 cm großen Blüten sind rosaviolett. Vor allem die unteren Sepalen sind kräftig karminrot gezeichnet. Die Pflanze blüht meist im Sommer, kann aber auch zu anderen Jahreszeiten blühen.

Haltung: Wie fast alle Vandas gehört auch diese Hybride in ein warmes, sonniges Gewächshaus, das für ihre besonderen Bedürfnisse – Wärme, Licht und Luftfeuchtigkeit – eingerichtet ist. Wer ihnen Wärme und Licht nicht im notwendigen Ausmaß zur Verfügung stellen kann, sollte es nicht mit ihnen versuchen.

(Bild Seite 142)

Vuylstekeara Cambria 'Plush'

Kalt – warm (10–16 °C)
Zimmer- und Gewächshaushaltung
Keine feste Blütezeit
Immergrün
Keine Ruhepause

Vuylstekearas entstehen durch Einkreuzen von *Miltonia* in die *Odontioda*-Zucht. Sie zeichnen sich durch die großen miltoniaartigen Lippen und durch leuchtende Farben aus. Diese Pflanze hat 9 cm große, dunkelrote Blüten mit einer großen rot-weißen Lippe.

Haltung: Wegen ihrer Anpassungsfähigkeit an verschiedene Standortbedingungen ist diese Hybride in der ganzen Welt beliebt. Sie ist ideal für alle Sammlungen, weil sie sowohl an kühlen als auch an temperierten und warmen Standorten gedeiht. Sie ist auch eine ideale Zimmerpflanze für Anfänger.

(Bild Seite 144)

Wilsonara Widecombe Fair

Kalt – temperiert (10–13°C)
Zimmer- und Gewächshaushaltung
Keine feste Blütezeit
Immergrün
Keine Ruhepause

Diese Kreuzung aus der kleinen, aber vielblütigen Art *Oncidium incurvum* und der Hybride *Odontioda* Florence Stirling trägt auf langen Blütenstielen viele 5 cm große, violett-weiße Blüten. Die einzelnen Blüten sind kleiner und sternförmiger als die meisten Mehrgattungshybriden von *Odontoglossum.* Diese Hybride vertritt eine andere, durch *Oncidium incurvum* bestimmte Stammlinie, was sich in der Blühweise sowie in Größe und Gestalt der Einzelblüte ausdrückt.
Haltung: Diese Hybride eignet sich gut für gemischte Sammlungen, da sie sowohl im kalten wie auch im mittelwarmen Gewächshaus gehalten werden kann und nicht empfindlich auf Temperaturschwankungen reagiert. Sie muß das ganze Jahr über feucht gehalten werden und verlangt im Zimmer ein leichtes Übersprühen.
(Bild Seite 144)

Zygopetalum intermedium

Temperiert (13°C)
Gewächshaushaltung
Blüte: Winter
Immergrün
Trockene Ruhepause

Heimat: Brasilien
Die Gattung *Zygopetalum* umfaßt ca. 20 vorwiegend terrestrische Arten mit rundlichen Pseudobulben und langen, schmalen, endständigen Blättern.
Z. intermedium wird oft mit *Z. mackayi* verwechselt, bei der jedoch die Lippe nicht behaart ist. Der 45–60 cm hohe Blütenstiel entspringt zwischen den ersten Blättern des Neutriebs. Er trägt im Winter 4–8 etwa 7,5 cm große Blüten. Sepalen und Petalen sind gleich groß und hellgrün gefärbt mit dunkelbraunen Flecken. Die breite, flache Lippe dagegen ist auf weißem Grund kräftig violett gestrichelt. Die stark duftenden Blüten halten 4–5 Wochen.
Haltung: Diese Art gehört ins temperierte Haus, braucht helles Licht und während des Wachstums viel Wurzelfeuchtigkeit. Sehr wichtig sind bewegte Luft und hohe Luftfeuchtigkeit, da sonst die Blätter häßliche Flecken bekommen.
(Bild Seite 144)

Erklärung einiger Fachausdrücke

Art Eine Gruppe von Pflanzen, die sich durch gemeinsame Merkmale von andern unterscheiden
Chlorophyll Blattgrün
Epiphyt Pflanze, die nicht am Boden wurzelt, sondern auf anderen Pflanzen wächst, ohne diesen jedoch Nährstoff zu entziehen
Gattung Eine Gruppe von Pflanzen, die aus (einer oder) mehreren Arten mit gemeinsamen Kennzeichen und gemeinsamer Abstammung besteht
Hybride Pflanzen, die aus einer Kreuzung genetisch verschiedener Elternpflanzen hervorgegangen sind
Lithophyt Pflanze, die auf Steinen oder Felsen wächst
Monopodial Mit einer Hauptachse, die die Blätter und Blüten trägt, von der Spitze aus wachsend
Petale Eines der drei inneren Blütenblätter bei Orchideen
Pseudobulbe Scheinknolle, verdicktes Sproßstück
Pollen Blütenstaub
Pollinium Pollenpaket, miteinander verklebte Blütenstaubkörner
Rhizom Wurzelstock
Saprophyt Schmarotzer, Pflanze, die ihre Nahrung aus anderen Pflanzen entnimmt
Selbstbestäubung Bestäubung einer Blüte durch den eigenen Blütenstaub
Sepale Eines der drei äußeren Blütenblätter
Sympodial Wuchsform, bei der jeder neue Sproß aus dem Rhizom des alten Triebes herauswächst und selbst eine komplette Pflanze ist
Terrestrisch In der Erde wachsend
Varietät Systematische Einheit unterhalb der Art (Abkürzung var.)
Vegetative Vermehrung Vermehrung einer Pflanze durch Teilung oder Ableger

Weitere Literatur

Bücher

BECHTEL, HELMUT: Exotische Orchideen. Kosmos-Verlag, Stuttgart 1971
BECHTEL, HELMUT: Orchideen – mein Hobby. Hallwag-Verlag, Stuttgart 1980
HIRMER, MAX: Wunderwelt Orchideen. Hirmer-Verlag, München 1974
HOFMEISTER, G., SPRINGER, A: Orchideen im Zimmer und Garten. Parey Verlag, Hamburg – Berlin 1960
PINSKE, J.: Der Orchideenbegleiter. Landbuch-Verlag, Hannover 1978
RICHTER, W.: Orchideen pflegen – vermehren – züchten. Neumann-Neudamm-Verlag, Melsungen 1974
RYSY, WOLFGANG: Orchideen für Zimmer und Gewächshaus. BLV Verlag, München 1978
SCHOSER, GUSTAV: Orchideen. Falken-Verlag, Wiesbaden 1976
SHUTTLEWORTH, F. S. / ZIM, H. S. / DILLON, G. W.: Orchideen. Delphin-Verlag, München – Zürich 1978
WILLIAMS, BRIAN: Orchideen für jedermann. Kosmos-Verlag, Stuttgart 1981

Zeitschriften

AMERICAN ORCHID SOCIETY BULLETIN, American Orchid Society, Cambridge, Massachusetts, USA
DIE ORCHIDEE, Deutsche Orchideen-Gesellschaft, Frankfurt
THE ORCHID REVIEW, The Orchid Review, Ltd., Kingsteignton, Newton Abbot, Devon, England

Register

Halbfett gesetzte Seitenzahlen weisen auf Abbildungen hin.